W0233595

Petra Regner-Haindl

Weinviertler Wildkräuterbuch

Wandern & Wildkräuter & Kochen

W-H EDITION WINKLER-HERMADEN

Fotos und Layout: Barbara Wittmann

© 2014 Edition Winkler-Hermaden, A-2123 Schleinbach
Alle Rechte vorbehalten
www.edition-wh.at
ISBN 978-3-9503739-6-7

Inhalt

Einleitung

Viele Menschen geben sich nicht zufrieden mit dem, was sie kennen. Sie sind auf der Suche nach neuen Herausforderungen, verblüffenden Entdeckungen und einzigartigen Genusserlebnissen. Sie möchten über den Tellerrand blicken, ihre Sehnsucht nach Neuem stillen oder einfach nur ihrem endlosen Forscherdrang nachkommen. Für diese vielfältigen Erfahrungen muss man nicht in ferne Länder reisen. Wer sich mit offenen Augen in seiner Region auf die Suche begibt, wird sicher fündig. Das unbekannte Neue umgibt uns, wird aber oftmals nicht wahrgenommen. Dieses Buch soll Anregung und Anleitung sein, die ersten Schritte in diese Richtung zu unternehmen.

Exemplarisch für viele schöne Winkel im Weinviertel werden drei idyllische Wanderungen vorgestellt. Diese sind kurz gehalten und auch für nicht geübte Wanderer leicht zu bewältigen. Doch jeder dieser Wege bietet auch dem Wanderprofi die Möglichkeit, Touren von bis zu einem Tag und länger zusammenzustellen. Hierfür finden sich die Adressen auf der Überblicksseite „Wanderrouten" (Seite 9).

Drei Jahreszeiten geben die Gliederung vor. Je eine Wanderroute ist in den Kapiteln „Frühling", „Sommer" und „Herbst" zu finden. Den Wegen folgt eine Auswahl an Pflanzen, die entlang dieser Route wachsen. Die anschließenden Pflanzenporträts werden von Rezepten, die Ideen für die praktische Verwendung bieten, begleitet.

Die wertvollen Inhaltsstoffe und die Möglichkeit, neue Aromen entdecken zu können, sind Anlass genug, um sich wieder mehr mit Wildkräutern zu befassen. Doch bevor man sich auf die Suche begibt, sollte man die Seiten über die Grundlagen der Verwendung von Wildkräutern studieren. Die Natur hält auch im Weinviertel Überraschungen für uns bereit.

Wenn man an Wildpflanzen denkt, stehen im Bewusstsein die Heilkräuter meist an erster Stelle. Auch durch die Verwendung in der Küche kann man die positiven Eigenschaften der Pflanzen für sich nutzen. Die Rezepte in diesem Buch sind klassisch, regional gehalten und ermöglichen einen einfachen Einstieg in die Wildkräuterküche.

Die Pflanzenporträts geben, neben einer kurzen Beschreibung der Pflanze, Aufschluss über mögliche Fundorte und erklären, welche Teile der Pflanze für welche Speisen geeignet sind. Diese Kurzanleitungen stellen die Basis für eigene und neue Kreationen von Wildkräutergerichten dar.

Ich möchte alle anstecken, Neues in der Natur und aus der Natur zu entdecken und für sich zu gewinnen. Dieses Buch kann nicht den Anspruch der Vollständigkeit erfüllen. Es kann jedoch ein Funke sein, der die Begeisterung für das Weinviertel, die Natur und ihre Wildpflanzen weckt, und soll auf dieser Entdeckungsreise unterstützen und begleiten.

Petra Regner-Haindl

der Verwendung von Wildkräutern

Das Sammeln

Die angegebenen Pflanzen sind zwar an den Routen zu entdecken, aufgrund vieler Umwelteinflüsse ist es jedoch empfehlenswert, sich Sammelplätze zu suchen, die folgenden Kriterien entsprechen:

- Nur pflücken, was man wirklich kennt. Ein Pflanzenbestimmungsbuch ist von Vorteil.
- Nicht an verunreinigten Stellen (neben Straßen und Hundewegen …) sammeln.
- Nur die benötigten Teile der Pflanze mitnehmen.
- Nur die benötigte Menge mitnehmen. Dies sollten nur gesunde, frische Teile der Pflanze sein.
- Nur dort sammeln, wo ausreichend Pflanzen vorhanden sind und der Fortbestand gesichert ist.
- Geschützte Pflanzen und Naturschutzgebiete sind tabu.
- Idealerweise nur bei trockenem Wetter sammeln.
- In luftigen Sammelbehältnissen (z. B. Körben) transportieren.
- Vor der Verwendung in der Küche müssen alle Pflanzen nochmals sorgfältig verlesen werden.

Der idealste Sammelort ist meist der eigene Garten. Der Transportweg ist sehr kurz. Man weiß, wer sich dort aufhält, und man kann vor allem ganz einfach die Pflanzen über den ganzen Jahreskreis verteilt beobachten.

Für die ersten Gerichte nimmt man Wildkräuter, die man sicher kennt, wie Brennnessel, Löwenzahn oder Spitzwegerich. Wer sich nicht ganz sicher ist, dem seien Wildkräuterkurse empfohlen. Im Weinviertel bietet unter anderem die Weinviertler Kräuterakademie Kurse an. Auch bei Volkshochschulen oder beim Ländlichen Fortbildungsinstitut (LFI) kann man fündig werden.

Wer mit der Pflanzenerkennung die erste Hürde gemeistert hat, sucht sich die jungen, frischen Blätter für die Verwendung in der Küche. Diese sind zarter, milder und meist auch unbelasteter in Bezug auf die Inhaltsstoffe (z. B. Nitrate, vor allem bei der Brennnessel).

Die Verarbeitung in der Küche

Wichtig ist es, das Sammelgut so schnell wie möglich zu verarbeiten, da die Haltbarkeit oft begrenzt ist. Notfalls halten sich die Kräuter in einer Vorratsbox im Kühlschrank ein bis zwei Tage. Der Geschmack von Wildkräutern kann sehr intensiv sein, daher sollte man sie vor ihrer Verwendung immer kosten, um eventuell die Menge zu variieren. Die Wildpflanzen weisen im Vergleich zu herkömmlichen, in Gärten gezüchteten Pflanzen bedeutend mehr Vitamine, Ballaststoffe, Mineralstoffe, Spurenelemente und vor allem sekundäre Pflanzeninhaltsstoffe auf. Tannine (Gerbstoffe) verleihen ihnen den bitteren Geschmack und regen die Aktivität des Verdauungstraktes an, was sich positiv auf unseren Stoffwechsel auswirkt. Oftmals wird diese positive bittere Note aber vor allem von Einsteigern in die Wildkräuter-Küche als unangenehm empfunden. Je öfter man Wildkräuter zu sich nimmt, desto mehr gewöhnt man sich jedoch an den leicht bitteren Geschmack der Kräuter. Wichtig ist es aber, immer auf die richtige Dosierung zu achten.

... von Blättern

Circa 20 bis 30 Gramm frische Blätter entsprechen der Angabe „eine Handvoll". Die Rezepte in diesem Buch sind mit Sorgfalt zusammengestellt und gut erprobt, jedoch können bei Kräutern Gramm- und Mengenangaben nur Richtwerte sein – allzu oft findet man das gewünschte Kraut nicht oder nicht in ausreichender Menge. Die Blätter sollen möglichst jung sein. Man kann sie so lange verwenden, wie man ihre Blattstiele leicht mit den Fingernägeln abzwicken kann. Notfalls kann man ältere Blätter (ausgenommen die der Brennnessel) noch für Wildspinat verwenden. Hierfür die Blätter ohne Blattstiele in ungesalzenem Wasser blanchieren. Jedoch sollte das Kochwasser nicht in der Küche weiterverwendet werden.

... von Blüten

Blüten haben meist weniger Geschmacksintensität als die grünen Blätter. Die Hauptverwendungsmöglichkeiten liegen im Dekor. Sie werden aber auch je nach Geschmack in der Dessert- und Vorspeisenküche verwendet. Ein Waschen der Blütenblätter ist fast unmöglich, darunter leidet die Optik. Die Haltbarkeit ist oft noch geringer als beim grünen Blattmaterial.

... von Wildfrüchten

Bei Wildfrüchten spielt der Reifegrad eine große Rolle, da reife Früchte weniger Bitterstoffe, weniger Säure und daher eine größere Bekömmlichkeit aufweisen. Holler, Vogelbeere und Co sollten immer gründlich vor ihrer Verwendung gereinigt und von Insekten befreit werden. Bis auf Holler, der aufgrund seiner leicht giftigen Inhaltsstoffe immer gekocht werden sollte, kann Wildobst auch roh verwendet werden. Wenn man die Früchte „liegen lässt" (circa eine Woche bei einer Raumtemperatur von etwa 18 Grad Celsius, flach aufgeschüttet) oder einfriert, erreicht man eine weichere Konsistenz. Dies ist für die Verarbeitung sehr hilfreich, man muss jedoch einen kleinen Verlust an Vitamin C in Kauf nehmen.

Grundsätzlich können alle Wildkräuter durch andere, gleichwertige ersetzt werden. Gerichte, die laufend im Jahreskreislauf gekocht werden, kann man ganz einfach mit Wildpflanzen aufpeppen. Und schon entsteht wieder ein neues Rezept. Wenn nicht anders angegeben, sind die Rezepte für vier Personen berechnet.

Wanderrouten

Die sanft-hügelige Landschaft ist das ideale Ziel für entspanntes Wandern. Vielerorts gibt es gut beschilderte Wanderrouten, welche auch oft durch Weingärten oder Kellergassen führen. Das Weinviertel bietet viele Gelegenheiten, Wandervergnügen mit dem einen oder anderen gemütlichen Besuch beim Heurigen zu kombinieren. Die drei Routen in diesem Buch sind in folgenden „Wanderregionen" zu finden:

Südlicher Teil: Region um Wolkersdorf

Nur unweit von Wien führt der Regions-Rundwanderweg „Wanderpuzzle Wolkersdorf" auf einer Länge von circa 70 Kilometern durch alle neun Gemeinden, vorbei an den schönsten Aussichtspunkten und Sehenswürdigkeiten. Diese können, wie der Name schon preisgibt, auf kleineren Etappen-Puzzles ergangen werden. (www.regionumwolkersdorf.at)
Route: Wein- und Kulturwanderweg, Länge: 3 Kilometer, Gehzeit: circa 1 Stunde

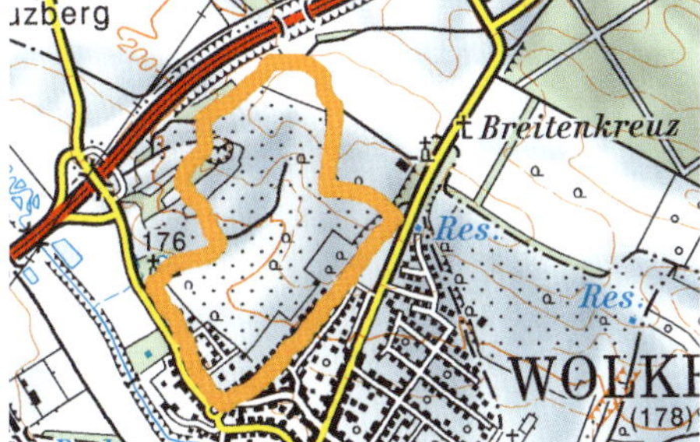

Zentrum: Leiser Berge

Im Herzen des Weinviertels liegt der Naturpark Leiser Berge. Aufgrund des teilweise plateauartigen Charakters der Wald- und Heideberge ist das weitläufige Gebiet des Naturparks für bequeme Familienwanderungen sehr zu empfehlen. Zahlreiche Tages- und Halbtages-Routen führen unter anderem zur höchsten Erhebung des Weinviertels: dem Buschberg. (www.naturparke.at unter NÖ/Leiser Berge)
Route: Oberleiser Berg, Länge: 1,5 Kilometer, Gehzeit: circa 30 Minuten

Nördlicher Teil: Falkenstein

Mit dem „Flug des Falken" positioniert sich Falkenstein im Bereich Wanderausflugsziele. Die Landschaft, die vom Kalkstein und Weinbau geprägt ist, beheimatet einen Wanderpark mit sieben Routen in der Länge von zwei bis 14 Kilometer. Symbol und Führer ist immer der Falke, der Geschichten von Falkenstein, Landschaft und Wein erzählt. (www.falkenflug.at)
Route: An den Klippen des Urmeeres, Länge: 4 Kilometer,
Gehzeit: circa 1 Stunde 30 Minuten

Frühling

Nach der langen weißen oder zumeist kalten Jahreszeit freuen wir uns auf das erste Grün in der Natur. Die ersten jungen Triebe oder Pflanzen sind ideal, um sie kulinarisch zu verwenden. Sie strotzen vor Frische und wertvollen Inhaltsstoffen wie Vitamin C und wertvollen sekundären Pflanzeninhaltsstoffen.

Wolkersdorfer Wanderpuzzle

Durch die Region um Wolkersdorf, im Süden des Weinviertels gelegen, führen verschiedenste Rundwanderwege durch die neun Mitgliedsgemeinden der Kleinregion. Das über 70 Kilometer lange Wanderwegenetz ist gut ausgeschildert, und auf der Website der Region findet man alle näheren Details sowie einen Link zum Verlauf der Streckenführung auf Google Maps. Die einzelnen Abschnitte fügen sich wie Puzzleteile zusammen und ergeben auch für ambitionierte Wanderer einen großen Rundwanderweg.

Stixenkreuter Wolkersdorf entlang des Wein- und Kulturwanderweges

Die Stixenkreuter sind eine der bekanntesten Weinrieden in Wolkersdorf. Das spezielle Mikroklima in diesem kleinen Talkessel lässt dort ganz hervorragende Weine wachsen. Durch diesen idyllischen Teil von Wolkersdorf schlängelt sich der Wein- und Kulturwanderweg. Hier kann man auf Schautafeln interessante Fakten zum Weinbau erfahren. Jeden Frühling sprießt es aus den Ritzen, an den Wegrändern und entlang der Weingärten. Als Ausgangspunkt der ersten Wanderung bietet sich der Alte Markt in Wolkersdorf an. Hier beim Kreisverkehr befinden sich ausreichend Parkplätze, und der Kreisverkehr stellt auch den nahegelegensten Punkt der Route zum Bahnhof dar.

Man verlässt den Alten Markt Richtung Klostergasse, biegt jedoch gleich links in die Kellergasse von Wolkersdorf ein. Der Anfang der Kellergasse ist noch stark vom Wohnbau geprägt, jedoch je weiter man nördlich kommt, desto mehr erschließt sich das eigene Flair dieses Stückchens von Wolkersdorf.

Ab dem großen Nussbaum gelangt man in den ursprünglicheren Teil. Dieser kann architektonisch mit den großen Kellergassen Niederösterreichs nicht ganz mithalten, jedoch versprühen die von ihren Besitzern liebevoll betreuten Keller etwas heimelig Romantisches. Ab diesem Punkt kann der aufmerksame Wanderer die ersten essbaren Wildpflanzen erspähen.

Nach dem letzten Keller geht es noch ein kleines Stück geradeaus bis zu einer gemütlichen Bank. Bei der „Schautafel" biegt man links ein und kommt auf einen Feldweg, der rechts von einer klassischen Hecke und links von Weingärten gesäumt ist. Hier hat man einen schönen Blick über Wolkersdorf bis nach Wien. An klaren Tagen kann man sogar bis zum Schneeberg blicken.

Diesen Weg folgt man bis zur Weggabelung, an der ein Bodenprofil von Wolkersdorf zu sehen ist. Man kann sich ein Bild von den Löss- und Lehmschichten machen, die hier vor vielen tausenden Jahren vom Urmeer angeschwemmt wurden und heute die Basis vieler guter Weine darstellen.

Eilige können nun eine Abkürzung wählen und den Weg links einschlagen, der direkt durch die Weingärten hinunter in die Stixenkreuter führt. Eifrige Wanderbegeisterte entscheiden sich jedoch für die gesamte Route, welche nach rechts den kleinen Weg hinauf führt. Auf der längeren Route hat man bessere Chancen, eine größere Anzahl an Wildkräutern zu entdecken.

Dem Weg folgt man bis zur Weggabelung, wo man dem Schild nach links und kurz danach, bei der nächsten Weggabelung, wieder nach links folgt. Nun geht es weiter den Asphaltweg entlang. Nur kurz geht man parallel zur Nordautobahn, bis man wieder bei Weingärten an-

langt. Dort biegt man links in einen kleinen Akazienhain ein. (Akazien heißen im Weinviertel Robinen.) Man folgt dem Weg durch das kleine Wäldchen, an dessen Ende sich ein kleines Holzkästchen befindet. Neben den diversen Wildpflanzen gibt es hier rechter Hand im Herbst köstliche Wildzwetschken. Diese und andere botanische Besonderheiten der Region werden in den Publikationen des lokalen Gymnasiums erklärt. Herr Prof. Rudolf Rozanek und seine Schüler haben bereits einige Bände der interessanten Pflanzenführer erstellt, die am Gemeindeamt erhältlich sind.

Folgt man dem Asphaltweg bergab, trifft man bei der Kreuzung eventuell wieder auf jene Wanderer, die sich für die Abkürzung entschieden haben. Nun führt der Weg nach rechts durch das letzte Stück der Stixenkreuter, die nicht, wie sich vermuten lässt, nach bestimmten Kräutern benannt sind. Vielmehr tragen sie den Namen des Geschlechts der ersten Besitzer.

Dort, wo der Feldweg wieder in die Ulrichskirchnerstraße einmündet, ist die Wildkräuterentdeckungsreise zu Ende. Nun geht es nur mehr links Richtung Kreisverkehr Alter Markt, also zum Ausgangspunkt zurück.

Stellaria media

Botanischer Name: *Stellaria media L.*
Weinviertler Synonym: *Heanadarm (Hühnerdarm)*

Die Vogelmiere ist eine der ersten Wildkräuter, die man im Weinviertel am Anfang des Pflanzenjahres findet. Wer die Standorte kennt, kann die Pflanze in manchen Jahren auch unter dem Schnee entdecken. Entlang des Wein- und Kulturwanderweges ist sie auf der Strecke nach der Kellergasse vor allem im Frühjahr und im Spätherbst zu finden.

Standort und Aussehen

Man findet dieses Wildkraut nicht nur in Weingärten und an Wegrändern, oft bevölkert die Vogelmiere Gärten und auch Blumenkisterl. Sie bevorzugt leicht feuchte und vor allem nährstoffreiche Böden. Meist erkennt man die einzelnen Pflanzen nicht, da die Vogelmiere teppichartig wuchert. Ihre zarten Wurzeln lassen sich leicht aus dem Erdreich ziehen. Sie wächst eher kriechend, obwohl sie in seltenen Fällen auf besonders fetten Böden bis zu 40 Zentimeter hoch werden kann. Mit ihren kleinen spitzen Blättern und vor allem mit ihren zarten weißen sternförmigen Blüten hat sie keine besonderen Doppelgänger im Weinviertel. Im Frühstadium und beim schnellen Vorbeigehen wird sie manchmal mit diversen Ehrenpreisarten verwechselt. Sobald der Ehrenpreis seine bläulichen Blüten zeigt, ist eine Verwechslung aber unwahrscheinlich. Kenner wissen, dass die Blätter des Ehrenpreises gezähnt sind, die Vogelmiere dagegen hat ganzrandige Blätter.

Sammeln und Kochen

Der beste Zeitpunkt für kulinarische Sammelaktionen ist das Stadium vor der Blüte beziehungsweise während der Blüte. Nach dem Verblühen der Pflanze nimmt die Faserung zu, dann ist eine Verwendung vor allem als Salat nicht mehr so ideal. Gesammelt wird die gesamte oberirdische Pflanze. In der Küche werden brauchbare Pflanzenteile von welken und nicht schönen oder zu harten Pflanzenteilen getrennt. Man verwendet die gesamten grünen Triebe (Blätter und Stängel). Es empfiehlt sich, die Vogelmiere immer zu waschen, da sie aufgrund ihrer bodennahen Wuchsform meist verunreinigt ist. Die Vogelmiere ist ein idealer Bestandteil eines Wildkräutersalates und kann sogar als Solosalat verwendet werden. Sie eignet sich sehr gut in der kalten Küche für Aufstriche jeder Art. In warmen Speisen wie Strudel, Auflauf und Pastagericht kommt sie sehr gut zur Geltung. Geschmacklich hat das Kraut eine eher unverwechselbare Note. Diese ist zwischen jungem Mais (oder wie man im Weinviertel sagt: „Kukuruz") und jungem Erbsengrün angesiedelt.

Weinviertler und andere Weisheiten

Vogelmiere enthält neben vielen anderen wertvollen Inhaltsstoffen besonders viel Vitamin C und ist daher ein idealer Bestandteil der Frühlingsküche. Im Garten ist sie eine Zeigerpflanze für Stickstoff. Sie schützt den Boden im Winter vor Austrocknung und ist so ein hervorragender Bodendecker. Gerüchteweise kann man die Blüten auch als Wetterpropheten verwenden. Wenn die Blüten ganz geöffnet sind, gibt es zumindest für die nächsten vier Stunden Sonnenschein. Sind die Blüten am frühen Vormittag noch geschlossen, heißt es, einen Regenschirm einpacken.
Vögel und vor allem Hühner lieben ihre Samen. Eine Pflanzengeneration produziert mehr als 10.000 Samen pro Jahr. Einige Weinviertler schwören drauf, dass Vogelmiere als Futterpflanze die Anzahl der gelegten Eier steigert.

Vogelmiere-Gemüsepuffer mit Wildkräuterdip

(für ca. 4 bis 6 Personen)

Zutaten (Puffer)

1 TL Gemüsesuppenpulver
150 g Quinoa
400 g Karotten
450 g Erdäpfel
3 große Eier
4 EL Vollkornmehl
2 EL Crème fraîche
1–2 Handvoll Vogelmiere
Kräutersalz, Pfeffer aus der Mühle, 1 Prise Curry
Öl zum Braten

Zubereitung

Für die Puffer ca. 300 ml Wasser mit Suppenpulver aufkochen, Quinoa hineingeben, kurz aufkochen lassen. Vom Herd nehmen und ca. 15 Min. quellen lassen. Karotten und Erdäpfel grob raspeln. Vogelmiere waschen, putzen, fein schneiden und mit 3 Eiern, Mehl, Crème fraîche verrühren und zum Gemüse geben. Quinoa abseihen, zur Puffermasse geben, alles gut vermischen und mit Kräutersalz & Co würzen. Öl in Pfanne erhitzen und je nach Wunsch Puffer in der Größe von 1–4 EL dieser Masse herausbraten.
Tipp: Die Puffer schmecken auch kalt ausgezeichnet.
Variante: Statt Vogelmiere können natürlich auch jegliche andere Kräuter wie zum Beispiel Petersilie, Spitzwegerich oder Giersch verwendet werden.

Zutaten (Wildkräuterdip)

250 g Topfen
1/2 Becher Sauerrahm
1 TL Senf
1–2 Knoblauchzehen
Vogelmiere oder frische Wildkräuter
Kräutersalz und Gewürze nach Wunsch

Zubereitung

Für den Wildkräuterdip Kräuter waschen und fein schneiden, Knoblauch pressen und alle Zutaten vermischen, nach Wunsch abschmecken.

Wildkräutersalat

Die Vogelmiere ist einer der idealsten Wildkräutersalate, die wir im Weinviertel haben. Wildkräutereinsteiger sollten jedoch ihre ersten Wildkräutersalate mit herkömmlichen Blattsalaten mischen.

Dressing (Basis)

1 TL Senf
2 TL Zucker oder Honig
2 EL Essig (etwa Kräuteressig)
100 ml Öl

Zubereitung

Alle Zutaten in ein Schraubglas füllen, Glas schließen und kräftig schütteln. Dann über die gewaschenen und geputzten Wildkräuter träufeln. Dieses Dressing kann auch in größeren Mengen hergestellt werden. Es hält sich bis zu einer Woche im Kühlschrank.

Botanischer Name: Bellis perennis L.
Weinviertler Synonym: Gensbleamal, Märzbleamal

Das Gänseblümchen ist ein Überlebenskünstler. So wie die Vogelmiere ist es eine der ersten Pflanzen, die man zu Beginn des Frühlings finden kann. Entlang des Weges in der Wolkersdorfer Kellergasse blüht es das ganze Jahr hindurch. Es ist eine der Pflanzen, die jedes Kind kennt, und wer hat nicht schon einmal das Gänseblümchen-Orakel befragt: Er liebt mich. Er liebt mich nicht. Er …

Standort und Aussehen

Gänseblümchen bevorzugen sonnige Wiesenplätze. Oftmals sieht man nur die weißen zarten, kleinen Blüten, die ihren Ring um die gelben Röhrenblüten ziehen. Von März bis November bringt das kleine Kraut fast ununterbrochen kleine Blüten hervor. Dies können fünf bis 15 pro Pflanze gleichzeitig sein. Das Gänseblümchen – sowohl die Blüte als auch die runden Blätter, welche immer rosettenartig wachsen und meist flach am Boden liegen – ist essbar. Es kann nur dort wachsen, wo auch öfter gemäht wird. Ist dies nicht der Fall, überwuchern größere Pflanzen das bis zu 15 Zentimeter große Pflänzchen und geben ihm wenige Chancen, sich weiterzuentwickeln.

Sammeln und Kochen

Die kleinen weißen bis weiß-rosa Blütenköpfchen dienen in der Küche großteils als entzückende Dekoration für Salate, Vorspeisen und Suppen. Der Erntezeitpunkt kann beliebig gewählt werden. Es sollte jedoch trocken und hell sein, denn das Gänseblümchen schließt seine Blütenköpfe, wenn es dunkel wird. Dies sollten eifrige Sammler bedenken. Aus den geschlossenen Köpfchen sowie aus den Blütenknospen lassen sich hervorragende heimische Kapern herstellen. Neben den Blüten kann man auch die Blattrosetten in der Küche verwenden, sie schmecken so wie die Blüten leicht nussig. Vor allem am Anfang der Wildkräutersaison, wenn es noch an Alternativen mangelt, sind die Blätter eine willkommene Abwechslung im Salat. Am besten erntet man die Rosetten mit einem Messer, indem man sie aus der Erde sticht, in der Küche reichlich wäscht und die schönen Blätter verwendet.

Weinviertler und andere Weisheiten

Der wissenschaftliche Name leitet sich von lateinisch „bellus" („schön") und „perennis" („ausdauernd") ab. Wer die ersten drei Blüten des Jahres der „schönen Ausdauernden" mit dem Mund pflückt und isst, bleibt das ganze Jahr von Krankheiten verschont. Vielleicht ist dies ja einmal einen Versuch wert. Eine andere Weisheit lautet: Wenn man sieben Blüten auf ein Mal mit seinem Fuß bedecken kann, ist der Frühling da.

Wildkräutersuppe mit Gänseblümchen-Grissini

Zutaten (Wildkräutersuppe)

ca. 500 g verschiedene Wildkräuter wie
Gänseblümchenblätter, Vogelmiere, Giersch,
Löwenzahn, Brennnessel, Taubnessel
1 große Zwiebel
1 Knoblauchzehe
1 EL Butter
2 EL glattes Mehl
1 l klare Gemüsesuppe
1 Becher Schlagobers
Salz, Pfeffer, Muskatnuss
Gänseblümchen (für die Deko)

Zubereitung

Die Zwiebel fein schneiden und in der Butter goldgelb andünsten.
Anschließend die Zwiebel mit Mehl bestäuben, kurz anschwitzen
und unter ständigem Rühren mit der Gemüsesuppe aufgießen. Die
Knoblauchzehe pressen und dazugeben. Die Wildkräuter waschen,
putzen, schneiden und in die Suppe geben. Anschließend ca. 10
Min. köcheln lassen, damit eine sämige Suppe entsteht. Danach das
Schlagobers dazugeben und mit dem Pürierstab fein mixen. Mit
Salz, Pfeffer und Muskatnuss abschmecken.

Zutaten (Gänseblümchen-Grissini)

(für ca. 40 Stück)
500 g Mehl
1/2 Germwürfel oder 1 Sackerl Trockengerm
300 ml warmes Wasser
Salz
2 EL Olivenöl
1 Handvoll Gänseblümchenköpfe
1 Handvoll Gänseblümchenblätter

Zubereitung

Mehl, Germ, Wasser und Olivenöl zu einem Teig vermengen und
beiseite stellen. Gänseblümchenköpfe verlesen und fein schneiden.
Gänseblümchenblätter waschen, trocken tupfen und ebenfalls fein
schneiden. Gänseblümchen und Salz in den Teig einarbeiten. Eine
Kugel formen und mit Frischhaltefolie abdecken und ca. 2 Std. an
einem warmen Ort gehen lassen (bis sich das Volumen verdoppelt
hat). Danach Arbeitsfläche bemehlen und nochmals durchkneten.
Golfballgroße Stücke vom Teig reißen und zu fingerdicken Stangerl
rollen. Den Backofen auf 200° C Umluft vorheizen. Teigstangerl
auf Blech mit Backpapier legen und nochmals 15 Min. gehen lassen.
Danach ca. 15–20 Min. backen, bis sie knusprig sind. Die Grissini
schmecken am besten frisch.

Gänseblümchen-Kapern

Zutaten

reichlich Gänseblümchen-Knospen, frisch gepflückt
1/4 l Wasser
1/4 l Apfelessig
2 EL Salz
1 TL Zucker
1 Schalotte
1 Zehe Knoblauch

Zubereitung

Blütenknospen ernten und in ein Glas geben. Salz und Zucker in
Wasser auflösen und über die Blütenknospen gießen. 24 Std. zuge-
deckt ruhen lassen. Dann die Knospen mit Wasser abspülen, in ein
Schraubglas füllen. Schalotte und Knoblauch dazugeben und mit
Essig übergießen. Das Ganze muss 2 Wochen durchziehen.

Botanischer Name: *Viola odorata L.*
Weinviertler Synonym: *Veigerl, Märznveigal, Schmeckates Veigal*

Das Veilchen, auch Viola wie das Instrument genannt, spielt im Pflanzenfrühling ebenfalls die erste Geige. Seine kleinen dunkelvioletten Blüten starten die Blütenpracht des Jahreskreislaufs. Im März ist die Wolkersdorfer Kellergasse vor allem im oberen Bereich übersät mit den violetten Blütenhorsten.

Standort und Aussehen

Dieses Duftblümchen bevorzugt halbschattige Plätze und liebt nährstoffreiche, lehmige Böden. Die mehrjährige Frühlingspflanze findet man an Waldesrändern genauso wie unter Hecken und Büschen. Das Veilchen verbreitet sich meist über oberirdisch kriechende Ausläufer und bildet herzförmige Blätter. Die Blüten lassen sich kurz im Frühling meist im März bis April für circa zwei bis drei Wochen je nach Witterung sehen. Das „Wohlriechende Veilchen", so ein anderer Name für das Duftveilchen, gehört zur Gattung Viola, die aus über 500 Arten besteht. Von den verschiedensten bei uns heimischen Arten weist das Duftveilchen den stärksten und auch angenehmsten Duft auf. Daher ist es ideal für die Verwendung in der Küche. Es kann mit anderen Veilchen wie etwa dem Hain-, Wald- oder Hundsveilchen verwechselt werden. Diese können jedoch alle in der Küche verwendet werden, auch wenn ihr Duft weit weniger ausgeprägt ist.

Sammeln und Kochen

Der interessanteste Teil für die Verwendung in der Küche ist die Blüte. Am besten, man sammelt nur die Köpfe, wenn sie schön trocken und ganz aufgeblüht sind. Das ganze Jahr hindurch könnte man auch die frischen jungen grünen Blätter für den Wildkräutersalat verwenden. Oft finden sich aber geschmacklich bessere Pflanzen. Da die Blütenköpfe nur kurze Zeit verfügbar sind, gibt es sehr viele Rezepte für die Haltbarmachung. Sie werden getrocknet, kandiert, für Sirup, Gelee oder Essig verwendet. Leider schafft man es nicht immer, den Veilchenduft zu konservieren. Auch die Konservierung der Farbe gelingt nicht immer perfekt. Meist nimmt sie bei längerer Lagerung ab. Vor allem beim Sirup und Essig kann dies der Fall sein. Der violette Saft verfärbt sich nach einem Jahr von Dunkellila in Blassrosa – bis hin zu einer farblosen Flüssigkeit. Geschmacklich sind die Blüten etwas süßlich und mild blumig. Angenehmer wird der Geschmack, wenn man anstatt der gesamten Blütenköpfe nur die violetten Blütenblätter verwendet. Doch das Zupfen aus den Blütenköpfen erfordert große Geduld, und auch die Mengenausbeute verringert sich um ein Vielfaches.

Weinviertler und andere Weisheiten

Der Veilchenduft ist ein ätherisches Öl, das die Blüte verströmt. Die Aromatherapie meint dazu, dass dieser Duft ausgleichend bei Stress und sehr entspannend wirken kann. Seit dem Mittelalter findet das Veilchen großen Anklang in den verschiedensten Königshäusern. Königin Victoria von England naschte kandierte Veilchen. Von Kaiserin Sisi ist überliefert, dass sie eine große Liebhaberin von Veilchensorbet war. Man sagt, das Veilchen war die Lieblingspflanze von Napoleon, da ihm Joséphine beim Kennenlernen Veilchen überreicht hatte. Angeblich trug er immer ein Amulett mit getrockneten Veilchen um den Hals. Aus Frankreich, wo Veilchen sehr viel verwendet werden, stammt auch der lilafarbene Likör Parfait Amour („Perfekte Liebe"). Es werden dafür Veilchen- und Rosenblüten, Vanille, Zitrone, Zimt, Koriandersamen, Orangen und Anis in Alkohol angesetzt. Als Damenlikör beliebt, sagt man ihm auch eine aphrodisische Wirkung nach.

Veilchensirup

(eine unkomplizierte, schnelle Variante)

Zutaten

Veilchenblüten
500 g Zucker (eventuell Gelierzucker für Gelee)
1/2 l Wasser
5–10 g Zitronensäure (je nach Geschmack)

Zubereitung

Einen 500-ml-Messbecher mit Veilchenblüten füllen. Wasser mit Zucker aufkochen und die Veilchenblüten und Zitronensäure dazugeben. Alles aufkochen lassen und anschließend mit einen Mixer fein pürieren. Diese heiße Masse durch ein Sieb abseihen und heiß in sterile Gläser füllen. Verwendet man anstatt normalem Zucker Gelierzucker, kann durch längeres Kochen auch Gelee hergestellt werden.

Verzuckerte Veilchen

Zutaten

frische trockene Veilchen
1 Eiklar
Feinkristallzucker

Zubereitung

Veilchen rundherum mit Eiklar bestreichen. Dann vorsichtig mit Kristallzucker bestreuen. Es sollten alle Seiten bedeckt sein. Anschließend trocknen lassen. Auf ein Backblech legen und bei 50 Grad für 1 Std. ins Backrohr schieben, dabei die Ofentür einen Spalt offen lassen.

Veilchenmousse

Zutaten

4 Eigelb
30 g Zucker
80 ml Veilchensirup
200 ml Milch
250 ml Schlagobers
5 Blätter Gelatine
1 Vanilleschote
etwas Wasser

Zubereitung

Gelatine in etwas kaltem Wasser einweichen. Milch, Zucker und das Mark einer Vanilleschote aufkochen, bis sich der Zucker aufgelöst hat. Eigelb, Vanillemilch und Veilchensirup in eine Schüssel geben und über Dampf aufschlagen. Gelatine ausdrucken und in einem kleinen Topf mit etwas Wasser vorsichtig schmelzen lassen. Unter ständigem Rühren die flüssige Gelatine in die Masse geben. Schlagobers steif schlagen und in die erkaltete Masse einrühren. Mousse in Formen füllen und mindestens 2 Std. im Kühlschrank fest werden lassen.

Taraxacum
officinale
24

Botanischer Name: *Taraxacum officinale F.H.Wigg.*
Weinviertler Synonym: *Mülibuschn, Krodnbleamal, Maibuschn, Realsalat, Wilder Ziguri*

Kinder lieben es, die kleinen „Fallschirme" der gelben Frühlingspflanze durch die Luft zu pusten. Jedoch ist die Pflanze in diesem Stadium nicht mehr so ideal in der Küche zu verwenden.

Standort und Aussehen

Entlang der Wanderroute sollte man die Augen offenhalten. Vereinzelt findet man den Löwenzahn auf der gesamten Strecke auch spät bis in den Herbst hinein. Meist ist er in der Wiese anzutreffen, oft an eher hellen und sonnigen Weg- und Ackerrändern. Auch Pflasterritzen sind vor ihm nicht sicher. Die Blätter wachsen in Rosetten in Bodennähe und sind stark gezähnt. In Kombination mit der gelben Korbblüte, die wie eine Löwenmähne aussehen, könnte das die Basis der Namensgebung sein. Die hohlen, röhrenartigen Blütenstängel enthalten einen weißen Milchsaft, können braune Flecken am Gewand hinterlassen und manchmal zu Kontaktausschlägen führen.

Sammeln und Kochen

Verwendet werden von der Pflanze im Frühling die jungen, frischen grünen Blätter. Je früher man die Blätter erntet, desto besser, denn neben vielen anderen Eigenschaften schmeckt der Löwenzahn vor allem bitter. In Frankreich und in Italien, wo der Löwenzahnsalat sehr beliebt ist, wird er kultiviert, mit Blumentöpfen abgedeckt und dadurch gebleicht. So bekommt er, wie die meisten kultivierten Sorten, einen milderen Geschmack als die Wildform auf der Wiese. Am besten schmecken die Blätter in Kombination mit Äpfeln oder Erdäpfeln. Für spinatartige Gerichte oder reinsortige Suppen ist er eher ungeeignet, da diese zu bitter werden können. In einem gemischten Wildkräutersalat, mit anderem Gemüse vermischt oder als Beigabe zum Risotto, gibt er den Speisen aber die passende herbe Note. Die Blätter sollten ziemlich bald nach der Ernte verwendet werden. Sie welken rasch und lassen sich auch nicht lange im Kühlschrank aufbewahren. Die Knospen kann man wie die Gänseblümchenköpfe einlegen. Die gelben Blütenblätter können als Dekoration verwendet werden, oder man stellt Löwenzahnhonig her. Hierfür pflücken geduldige Sammler nur die Köpfe, aus welchen die Blütenblätter gezupft oder geschnitten werden. Diese gelbe Pracht, mit etwas Zuckerwasser gemischt und lange eingekocht, ergibt den sogenannten Löwenzahnhonig, der nichts mit einem Bienenprodukt gemeinsam hat, aber als Honigersatz verwendet wurde. Die Pfahlwurzeln könnte man auch essen, besser ist es aber, man setzt sie in einer Tinktur an, deren Bitterstoffe die Verdauung und auch die Lebertätigkeit anregen.

Weinviertler und andere Weisheiten

Der Löwenzahn ist eine Spielpflanze. Es lassen sich Blütenkränze daraus flechten. Die Stängel eignen sich nicht nur zum Basteln von tollem Schmuck, etwa einfaches oder kettenartiges Gehänge, man kann auch kreative Wasserleitungen damit bauen. Schneidet man die Stängel längs auf und legt sie ins Wasser, ringeln sie sich ein. Wenn auf einer Wiese fast ausschließlich Löwenzahn wächst, kann man davon ausgehen, dass diese ausreichend gedüngt wurde, und man sollte sich besser einen anderen Sammelplatz für die Pflanze suchen. „Pissenlit" ist der französische Name der bekannten Wiesenblume. Dieser gleicht fast einem in Österreich manchmal verwendeten Synonym: „Soachbleaml". Beide Namen geben bildlich die harntreibende Wirkung der Pflanze wieder.

Löwenzahn-Apfelsalat mit Löwenzahnnockerl

Zutaten (Salat)
100 g zarte Löwenzahnblätter
2 süß-säuerliche Äpfel
2 EL Zitronensaft
100 ml Buttermilch
Salz, Pfeffer
1 TL Honig

Zubereitung
Löwenzahnblätter gründlich waschen und in feine Streifen schneiden. Äpfel putzen und in kleine Würfel schneiden. Zusammen mit den restlichen Zutaten mischen und abschmecken.

Zutaten (Nockerl)
1/4 l Milch
2 Handvoll Löwenzahnblüten
2 EL Butter
90 g Weizengrieß
10 g glattes Mehl
1 Ei
Salz, Muskatnuss

Zubereitung
Milch mit etwas Salz in einen Topf geben. Die Blüten ausschütteln und so von etwaigen Bewohnern befreien. Mit einer Schere die gelben Blütenblätter abschneiden und in die Milch fallen lassen. Die Milch erwärmen, aber nicht kochen lassen. Topf vom Herd nehmen und die Masse mit Mixstab ganz glatt pürieren. 2 EL Butter in die Milch geben und wieder erwärmen. Ist die Butter geschmolzen, Grieß unter ständigem Rühren einstreuen. So lange rühren, bis sich die Masse vom Boden löst. Dann den Topf vom Herd nehmen und auskühlen lassen. Danach das Ei untermischen. Mit Salz und Muskatnuss würzen, 30 Min. rasten lassen. Mit 2 Esslöffeln Nockerl formen und diese in kochendem Salzwasser 10 Min. garen lassen, bis sie an der Oberfläche schwimmen. Mit einem Schaumlöffel herausgeben und abtropfen lassen. Auf Salat anrichten.

Aegopodium podagraria

Der Giersch ist eine sehr zweischneidige Pflanze. Meist wird er, vor allem von Gartenbesitzern, verwünscht. Alle, die gern Abwechslung auf ihrem Menüplan haben, schätzen ihn aber als kreative Alternative zu Petersilie und Spinat.

Standort und Aussehen

Giersch ist meist an schattigen Orten zu finden. Er liebt nährstoffreiche und etwas feuchte Böden, daher wuchert er meist am Waldesrand oder unter Hecken. Entlang der Frühlingsroute ist er zwischen den ersten Kellern der Wolkersdorfer Kellergasse zu finden. Er breitet sich bei idealen Bedingungen sehr rasch mittels seiner starkwüchsigen Wurzeln (Rhizome) aus. Als Erkennungsmerkmal sollte man sich die Zahl 3 merken. Sein Blattstiel ist dreikantig. Der mehrjährige Doldenblütler hat markante, größere, leicht zackig-gegliederte Blätter, welche symmetrisch zu 3 x 3 Blätter (bzw. 1 x 3 und 2 x 2 Blätter) angeordnet sind. Ab Mai entfaltet er seine Blütenstände, die an Karotten erinnern, ist er doch sehr nahe mit diesem beliebten Gemüse verwandt. Sind die weißen bis cremefarbenen Dolden verblüht, kann man kleine, glatte, kümmelähnliche Früchte erkennen.

Sammeln und Kochen

Gesammelt werden die jungen Triebe, die im Frühjahr aus der Erde sprießen. Das Blattmaterial sollte möglichst trocken und sauber sein. Sobald die Blütenknospen erkennbar sind, werden die Blätter zäher, vor allem auch geschmacklich intensiver und sind dadurch weniger zum Frischverzehr geeignet. Jedoch können sie noch blanchiert verwendet werden. Steht die Pflanze einmal in voller Blüte, werden die Blätter nicht mehr verwendet. Die Knospen können als Brokkoli-Ersatz und die Samen als Gewürz verwendet werden. Geschmacklich erinnert er an eine Petersilien-Karotten-Mischung. Die Blätter eignen sich hervorragend als Petersilien-Ersatz in allen Varianten. Im Aufstrich, in der Suppe, selbst getrocknet im Kräutersalz, überall punktet die feine Gierschnote. Das Blattgemüse ist meist in sehr großen Mengen verfügbar, es ist wie Spinat zu verwenden in Aufläufen, Nudelgerichten oder auch nur mit Knoblauch angebraten als Beilage. Giersch ist immer eine Alternative zum herkömmlichen Gartengemüse. In diesem Zusammenhang bekommt das Wort „Unkrautvertilger" eine ganz neue Bedeutung.

Weinviertler und andere Weisheiten

Der Geißfuß ist eine der ältesten und wohlschmeckendsten Wildgemüsesorten. Sogar bei den Neandertalern war er schon bekannt, wie Grabfunde beweisen. Da in der Familie der Doldenblütler auch tödlich wirkende Pflanzen wie der „Gefleckte Schierling" vorkommen, sollte man beim Sammeln gut achtgeben. Die Verwechslungsgefahr ist hier jedoch nicht sehr stark gegeben, denn die meisten Doldenblütler haben meist stark zerteilte, mehrfach gefiederte Blätter. Die Blätter des Gierschs ähneln eher dem des Hollers. Daher wird der Giersch Erdholler genannt.

Gierschpalatschinken mit Wildkräuterfülle

Zutaten (Palatschinken)
1/4 l Milch
1 Ei
60 g junge Gierschblätter
110 g Mehl
Salz
etwas Butter oder Öl für die Pfanne

Zutaten (Fülle)
250 g Topfen
1 TL Senf
1 TL Honig
30 g Giersch oder andere Wildkräuter je nach Verfügbarkeit
(Spitzwegerich, Gundelrebe, Schafgarbe, Knoblauchrauke …)
Kräutersalz
Pfeffer

Zubereitung
Für die Palatschinken Gierschblätter waschen und in kochendem
Wasser blanchieren. Wasser abseihen, Kräuter grob schneiden und
mit Milch vermischen, anschließend mit Mixstab fein pürieren.
Mehl, Ei und Salz zufügen und Palatschinkenteig herstellen. But-
terflocken in Pfanne schmelzen und Palatschinken backen.
Für die Fülle Wildkräuter eventuell waschen und fein hacken. Alle
Zutaten mit Topfen vermischen. Überkühlte Palatschinken mit
Kräuterfülle bestreichen und einrollen. In kleine Stücke schneiden
und servieren.
Tipp: Mit Wildkräutersalat als Vorspeise servieren. Statt Giersch
können auch Brennnessel oder normaler Spinat verwendet werden.

Kräutersalz

Gierschblätter eignen sich ideal für eine Wildkräutersalzmischung.
Hierfür werden verschiedenste Wildkräuter, Giersch, Brennnessel,
Gundelrebe, Spitzwegerich, Dost, Quendel usw., gesammelt und
getrocknet, bis sie beim Zerdrücken rascheln und die Stängel ganz
hart sind. Dann werden die trockenen Blätter von den groben Stängeln gestreift. Auf 500 g Salz werden mindestens 100 g getrocknete
Kräuter verwendet. Man kann die Kräuter vorher mahlen oder gemeinsam mit grobem Meersalz zerreiben. Wer weniger Geduld auf-
bringt, kann die frischen Kräuter mit Salz fein mahlen. Dann erhält
das Salz eine sehr intensive grüne Farbe, hat jedoch eine feuchte
Konsistenz und lässt sich nicht so leicht über die Gerichte streuen.

Botanischer Name: *Alliaria petiolata L.*
Weinviertler Synonym: –

Bärlauch kennen alle. Die Knoblauchrauke ähnelt im Geschmack und vor allem im Geruch dem bekannten Wildkraut. In der Bekanntheit hat sie jedoch noch einiges aufzuholen.

Standort und Aussehen

Die Knoblauchrauke ist eine Schattenpflanze und oft in Wäldern oder unter Gehölzen anzutreffen. Am Wein- und Kulturwanderweg findet man das Gewächs am ehesten in der Kellergasse. In besonders trockenen Jahren ist sie jedoch schwer bis nicht zu finden. Im Anfangsstadium sind die jungen, etwas glänzenden Blätter nierenförmig mit gekerbtem Rand und wachsen in Büscheln oft in größeren Ansammlungen. Bis zur Blüte kann sie bis zu 80 Zentimeter hoch werden, die Blätter sind dann eher dreieckig und haben einen gezähnten Rand. Sie ist ein Kreuzblütler und verwandt mit Kohl und Senf. Die Blüte hat vier weiße Blütenblätter. Daraus entwickeln sich dünne, fünf bis sieben Zentimeter lange Schoten, die schwarze Samen beinhalten.

Sammeln und Kochen

Ab April kommt die Knoblauchrauke oft in großen Mengen vor und kann somit leicht geerntet werden. Neben den Lauchgewächsen ist sie wahrscheinlich die einzige Pflanze im Weinviertel, die einen intensiven knoblauchartigen Duft beim Zerreiben der Blätter verströmt. Beim Sammeln kann man sich diese Eigenschaft zunutze machen, wenn man sich nicht ganz sicher ist, dass man die richtigen Blätter vor sich hat. Der Geschmack ist zu Beginn der Sammelzeit intensiv knoblauchartig und wird später eher kresseartig. Das Kraut weist immer eine bittere Note auf, die mit dem Altern der Pflanze zunimmt und die Magenaktivitäten anregt. Aufgrund ihres sehr markanten Geschmacks ist es sinnvoll, die Knoblauchrauke mit anderen Pflanzen zu mischen. Das Kraut ist ein idealer Bestandteil von Vorspeisen und kann in Form von Salat, Pestos, Dressings, Dipsaucen und in anderen kalten Gerichten verwendet werden. Beim Kochen verflüchtigt sich der knoblauchartig-pfeffrige Geschmack, daher sollte man es eher ungekocht und frisch verwenden. Die Blüten sind essbar, aber so wie die meisten Kreuzblütler aufgrund ihres Geschmacks nicht in der Dessertküche verwendbar. Delikat schmecken auch die Schötchen. Man kann sie grün im Ganzen genießen oder die darin enthaltenen reifen Samen als „wilden Pfeffer" verwenden. Die Erntezeit dieser Samen, die wie Senfkörner verkocht werden, liegt zwischen April und September. Man kann auch die Wurzel wie Kren verwenden.

Weinviertler und andere Weisheiten

Im Weinviertel sind keine anderen Namen für die Knoblauchrauke bekannt. Vielleicht auch deswegen, weil sie üblicherweise nicht allzu oft verwendet wurde. In manchen Pflanzenführern findet man sie nicht, man muss dann unter Lauchkraut, Knoblauchhederich oder Lauchhederich nachschlagen. Forscher haben nachgewiesen, dass bereits 6000 Jahre vor unserer Zeitrechnung die Speisen im westlichen Ostseeraum mit Knoblauchrauke gewürzt wurden. Sie fanden Reste der aromatischen Pflanze in Töpfen aus Neustadt bei Lübeck und in Dänemark.

Faschierte Laibchen mit Knoblauchrauken-Apfel-Pistou und grünem Erdäpfelpüree

Zutaten (Faschierte Laibchen)
500 g Faschiertes
1 altbackene Semmel
1 Zwiebel
1 Ei
1 TL Senf
Salz, Pfeffer, Muskatnuss
Öl zum Braten

Zutaten (Frischkäsetopping)
150 g Ziegenfrischkäse
70 g Crème fraîche
3 EL Mineralwasser

Zutaten (Knoblauchrauken-Apfel-Pistou)
60 g Knoblauchraukenblätter
2 EL Balsamico
5 EL Olivenöl
1 kleiner Apfel
etwas Salz

Zubereitung
Semmel in kaltem Wasser einweichen. Zwiebel schälen, kleinwürfelig schneiden und in etwas Öl goldbraun anbraten. Semmel sehr gut ausdrücken und mit Faschiertem und allen anderen Zutaten vermischen. Mit feuchten Händen Laibchen formen und nebeneinander auf ein Backblech legen, das mit Backpapier ausgelegt ist. Ofen auf 200° C vorheizen, 35 Min. backen. Ziegenfrischkäse, Crème fraîche sowie Mineralwasser vermischen und mit Salz und Pfeffer abschmecken.
Für das Pistou die Knoblauchraukenblätter, Balsamico und Öl mit Mixstab fein pürieren. Den Apfel schälen, kleinwürfelig schneiden, unter die Kräutermasse mischen und mit Salz abschmecken.

Zutaten (Grünes Erdäpfelpüree)
500 g mehlige Erdäpfel
2 Handvoll junge Brennnesselblätter
(oder andere spinatartige Wildkräuter)
200 g Milch
2 EL geschmolzene Butter
1 kleine Zehe Knoblauch
1 TL Salz

Zubereitung
Erdäpfel in Salzwasser weichkochen und schälen. Brennnesselblätter putzen und in heißem Wasser blanchieren, bis sie sehr weich sind. Dann die Milch mit den gut ausgedrückten Brennnesseln mixen, bis ein grüner Saft entsteht. Knoblauch pressen und zu den Brennnesseln geben. Danach die Masse mit den Erdäpfeln verrühren, bis ein cremiges Püree entsteht. Danach Butter einarbeiten und mit Salz würzen. Sollte die Masse zu fest werden, noch etwas Milch hinzufügen.

Glechoma hederacea

36

Botanischer Name: *Glechoma hederacea L.*
Weinviertler Synonym: *Gundlrebm*

Die Gundelrebe hat die Angewohnheit, aus Ritzen entlang von Häusern, aber auch in Wiesen zu kriechen. In der Wolkersdorfer Kellergasse findet man sie am einfachsten zu Beginn rechts und links des Weges.

Standort und Aussehen

Auf den ersten Blick ist die Gundelrebe eine eher unscheinbare Pflanze. Sie wächst oft an Wegrändern. An schattigen Stellen mit humusreichem Boden können ihre Blätter sehr groß werden. Auf sonnigen Plätzen mit kargen Böden sind die Blätter manchmal nicht größer als ein kleiner Fingernagel. Die Gundelrebe ist ein Lippenblütler und hat so wie alle Pflanzen dieser Familie einen vierkantigen Stängel. Ihre kriechenden Ausläufer können in Gärten oft lästig sein. Meist wird sie nicht höher als 40 Zentimeter und richtet ihren oberen Blütenteil gegen den Himmel. Ihre Blätter sind nierenförmig mit einem gekerbten, abgerundeten Blattrand. Diese Blätter können eventuell mit Veilchenblättern verwechselt werden, sind jedoch eher spitz und kleinrund eingekerbt. Im April bringt sie violette Lippenblüten hervor.

Sammeln und Kochen

Die Gundelrebe ist eine winterharte, ausdauernde Pflanze, deren Blätter man das ganze Jahr hindurch verwenden kann. Kostet man die frischen Blätter, kann es sein, dass diese ein leichtes Kratzen im Hals verursachen, da sie leicht behaart sind. Daher sollte man die Blätter vor der Verwendung immer fein schneiden und dann in Wildkräutersuppen, in der Kräuterbutter oder als Würzmittel verwenden. Geschmacklich sind die Gundelrebenblätter sehr eigenständig, würzig bis leicht harzig. Diese Note kommt in Kombination mit Eigerichten oder mit Speisen mit Erdäpfeln wunderbar zu Geltung. Die kleinen lila Blüten können im Frühling hervorragend in der Dessertküche verwendet werden.

Weinviertler und andere Weisheiten

Das Wort „Gund" stand im alten Sprachgebrauch für „Eiter", „Beule", „faulige Flüssigkeit" oder „Gift". Die Gundelrebe wurde verwendet, um Wunden zu reinigen. In der Walpurgisnacht gesammelt und zu einem Kranz geflochten, soll es möglich sein, durch den Kranz zu erkennen, wer eine richtige Hexe ist.

Gundelreben-Erdäpfelstrudel

Zutaten
1 Pkg. Strudelblätter
2 x 200 g Frischkäse (natur)
800 g Erdäpfel, mehlig, falls vorhanden
etwas zerlassene Butter
1 Handvoll Gundelrebenblätter
Salz, Pfeffer, Muskatnuss
Sesam (zum Bestreuen)

Zubereitung
Erdäpfel bissfest kochen, kurz überkühlen lassen und schälen, dann mit einer Reibe möglichst grob raspeln. Diese Masse mit Frischkäse, frischen, gehackten Gundelrebenblättern und Gewürzen vermischen. 2 Strudelblätter mit zerlassener Butter bestreichen und je 1 weiteres Strudelblatt daraufsetzen. Die Hälfte der Masse auf einem Doppelstrudelblatt gleichmäßig verteilen und einrollen. Die beiden Teigenden einschlagen. Das Ganze mit dem 2. Doppelblatt wiederholen. Beide Strudel auf ein mit Backpapier ausgelegtes Blech legen und mit Butter bestreichen. Eventuell mit Sesam bestreuen. Im Rohr bei 180° C 30 Min. backen.

Kalte Wildkräutersauce

Zutaten
250 g Topfen
80 ml Milch
1 Handvoll Kräuter
Salz, Pfeffer

Zubereitung
Alle Zutaten vermischen und kalt servieren. Auch als Dipsauce zu Gemüse verwendbar.

Paradeiser-Wildkräutersauce

Zutaten
1 Zwiebel
30 g Butter
1 Knoblauchzehe
1 EL Honig
800 g passierte Paradeiser
2 Handvoll Wildkräuter
Salz, Pfeffer

Zubereitung
Die fein geschnittene Zwiebel wird in einer Pfanne in der zerlassenen Butter angeschwitzt, bis sie glasig ist. Dann den Knoblauch schälen und in die Pfanne zum Zwiebel pressen. Das Ganze kurz durchrühren, die passierten Paradeiser dazugeben und auf kleiner Flamme 15 Min. köcheln lassen. Die Kräuter verlesen, fein schneiden und mit Honig in die Sauce rühren. Anschließend die Sauce vom Herd nehmen und 2 Min. ziehen lassen. Mit Salz und Pfeffer abschmecken.
Tipp: Sollte von dieser Sauce etwas übrigbleiben, kann man sie wunderbar mit Nudeln servieren.

Gundelrebe und Schokolade

Die Kombination von Gundelrebenblättern und Schokolade ist eine Alternative zur klassischen Minz-Schoko-Kombination. Geschnittene Gundelrebenblätter passen hervorragend in den Schokokuchenteig. Als Dekoration für Desserts passen schokogetunkte Gundelrebenblätter. Hierfür Kuvertüre im Wasserbad schmelzen lassen. Diese sollte jedoch nicht zu heiß werden. Gundelrebenblätter am Stil halten und durch die flüssige Schokolade ziehen. Auf Packpapier legen und trocknen lassen.

Urtica dioica
40

Botanischer Name: *Urtica dioica L. bzw. Urtica urens L.*
Weinviertler Synonym: –

Die Brennnessel ist meist eine sehr gehasste Pflanze. Selbst Schafe lassen sie auf der Wiese stehen. Jedoch hat sie viele positive Eigenschaften und findet daher den Weg in unsere Küchen.

Standort und Aussehen

Als Kulturbegleiter des Menschen wuchert die Brennnessel eher in der Nähe der Kellergasse als auf offenem Feld. Sie ist ein Anzeiger für stickstoffreiche Böden, eine sehr anspruchslose Pflanze und wächst auf Kompost sowie an Wegrändern. Im Weinviertel ist die große mehrjährige Brennnessel am häufigsten anzutreffen. Die Eigenschaft, die wir beim Sammeln nicht so schätzen, steckt in den Brennhaaren der Pflanze, die sie vor Fraßfeinden schützen. Die feinen Härchen sind gefüllt mit einem ameisensäurehältigen Saft. Bei Berührung brechen sie ab und injizieren den Saft in die Haut. Dies ruft im besten Fall ein unangenehmes Jucken hervor. Vereinzelt kommt es zu ausschlagartigen Quaddeln. Ihre herzförmigen Blätter, mit gesägten Blatträndern, weisen einen dunkelgrünen Ton auf. Verwechseln könnte man sie mit den verschiedensten Nesselarten, wie der Taubnessel, die, wie der Name schon sagt, „taub" ist und keine Brennhaare besitzt.

Sammeln und Kochen

Je jünger die Triebe, desto besser sind sie für die Küche geeignet. Wenn man Bestände laufend schneidet, kann man die nachwachsenden jungen Triebe bis in den Herbst hinein verwenden. Beim Sammeln trägt man am besten zwei Paar Gummi- oder Gartenhandschuhe übereinander. Die Brennwirkung nimmt etwas ab, wenn die Pflanze welk wird. Man sollte sie auf jeden Fall vor der Verwendung in der Küche kurz blanchieren (in kochendes Wasser tauchen) oder mit einem Nudelholz so lange bearbeiten, bis keine Härchen mehr vorhanden sind. Die Brennnessel ist eine der Pflanzen, mit der sich das schönste Grün in diverse Gerichte zaubern lässt. Verwendet wird sie grundsätzlich wie Spinat, jedoch werden vorab die Blätter von den Stängeln gezupft.

Weinviertler und andere Weisheiten

Die Verwendung der großen und kleinen Brennnessel ist grundsätzlich gleich. Einzig als Faserpflanze für die Stofferzeugung wird nur die große Brennnessel verwendet, da die einjährige kleine Brennnessel mit einer maximalen Höhe von 60 Zentimetern ungeeignet dafür ist. Leider ist das Nesseltuch aufgrund der günstigeren Produktion von Baumwolle ganz verschwunden. Der weiße glänzend-seidige Stoff kommt nur mehr im Märchen von den sieben Raben vor. Brennnesselsamen enthalten wertvolle Inhaltsstoffe, die den Menschen Kraft und Vitalität, aber auch Spannkraft und Potenz verleihen. Geerntet werden die Samen im Sommer. Getrocknete Brennnesselsamen gewinnt man, indem man reife Samenstände (Fäden) der Brennnessel pflückt. Diese brennen nicht auf der Haut und werden am besten in einem Stoffsackerl transportiert. Zu Hause dünn auf einem Leintuch auslegen, luftig und schattig trocknen. Anschließend die Samen von den Fäden abstreifen. Aber Achtung! Die Große Brennnessel ist zweihäusig und hat männliche und weibliche Blütenanlagen. Im Sommer sind die pollentragenden männlichen Blüten meist schon abgefallen, aber Nachblüher können ziemliche Verwirrung stiften. Man erkennt sie leicht an der blassgelben Farbe, während die weiblichen Blüten zuerst silbrig-grün sind und beim beginnenden Fruchten sattgrün werden. Brennnesselsamen als Delikatesse können frisch, getrocknet oder im Kräutersalz verwendet werden.

Brennnesselspätzle mit Gemüse

(für 4 bis 6 Personen)

Zutaten (Brennnesselspätzle)

200 g frische Brennnesselblätter
250 ml Wasser
350 g Mehl
3 Eier
1 TL Salz, Pfeffer, Muskatnuss

Zubereitung

Brennnesseln waschen, die schönen Blätter abzupfen und in kochendem Wasser blanchieren. Mit kaltem Wasser abschrecken und gut ausdrücken. Diese Blätter grob schneiden und mit 150 ml Wasser mithilfe eines Pürierstabes oder in einem Mixer zu einer grünen Sauce pürieren. Anschließend mit den übrigen Zutaten zu einem geschmeidigen Spätzleteig abschlagen, bis der Teig Blasen wirft. Danach den Teig etwas stehen lassen. In der Zwischenzeit Wasser in einem großen Kochtopf zum Kochen bringen. Spätzleteig mittels Spätzlehobels oder mittels eines Messerrückens vom Brett in das kochende Wasser geben. Kurz umrühren. Wenn die Spätzle oben aufschwimmen, mit einem Schaumlöffel herausnehmen und abtropfen lassen.

Zutaten (Gemüsepfanne)

1 kleiner Bund Jungzwiebeln
4 Karotten
2 kleine Zucchini
2 kleine rote Paprika
1 EL Brennnesselsamen
Pfeffer, Salz, Muskatnuss
Bergkäse
(für die fleischige Variante: 100 g gekochten Schinken, in Fleckerl geschnitten, untermischen)

Zubereitung

Karotten in feine Stifte, Jungzwiebeln in Ringe, Zucchini in Würfel schneiden. Paprika kleinwürfelig schneiden. Nacheinander in der Wokpfanne Karotten, Zucchini, Jungzwiebeln und Paprika anbraten.
Am Schluss die Spätzle und die fein geschnittenen Brennnesselblätter dazugeben. Alles gut durchschwenken, würzen und anrichten.
Tipp: Getrocknete Brennnesselsamen geben dem Gericht eine leicht nussige Note.

Humulus lupulus

Botanischer Name: *Humulus lupulus L.*
Weinviertler Synonym: *Wüda Hopfn*

Hopfen

Eine der wenigen heimischen Lianen, die viele nur aus der Bierwerbung kennen. Diesem Volksgetränk gibt der Hopfen Würze und Haltbarkeit.

Standort und Aussehen

Hopfen ist eine Schlingpflanze und benötigt immer ein Rankgerüst. Dies kann ein Baum oder auch ein Zaun sein, um den sie sich immer rechtsherum windet. Auf der Runde wuchert der Hopfen über die klassischen Kellergassenhecken wie Bocksdorn und wilde Rosen. Man findet ihn auch an Bachläufen oder an Waldrändern, da er halbschattige Standorte bevorzugt. Wenn die Pflanze guten Halt findet, können ihre Ranken bis zu zehn Meter in die Höhe wachsen. Der mehrjährige Hopfen gehört zur Familie der Hanfgewächse und hat eine beruhigende Wirkung auf den Menschen. Verwechseln könnte man ihn mit Wildem Wein oder mit jungen Trieben der Waldrebe. Hopfen ist jedoch immer rau behaart am Stängel und an den Blättern, der Wilde Wein und die Waldrebe nicht.

Sammeln und Kochen

Die Hopfensprossen gehören zu den spannendsten Delikatessen, die man im Weinviertel in freier Natur finden kann. Im Mai und April werden die obersten Triebteile der Ranken geerntet. Die gesammelten Teile sollten nicht länger als zehn Zentimeter sein, nur die vordersten Spitzen schmecken delikat. Rohe Hopfensprossen schmecken etwas bitter, doch kurz in Salzwasser gekocht oder über Dampf gegart, entfalten sie ihren spinatähnlichen Geschmack.

Weinviertler und andere Weisheiten

Im Mittelalter wurde Hopfen auch im Weinviertel angebaut. Eine alte Geschichte aus dieser Zeit besagt, dass die Männer nach der Hopfenernte nach Hause ins Bett gingen, während sich die Frauen ins Nachbardorf aufmachten. In der germanischen Mythologie spielt der Hopfen als Fruchtbarkeitssymbol eine wichtige Rolle. Hopfenranken galten als Zeichen wiedererwachender Fruchtbarkeit, Kraft und Lebensfreude. Hopfen hat eine beruhigende Wirkung. Diese dämpfende Eigenschaft wirkt auch bei sexueller Übererregbarkeit, was mit ein Grund dafür ist, dass Bier früher vor allem in Mönchsklöstern gebraut wurde.

Nudeln mit Hopfensprossen

(für 2 Personen)

Zutaten

200 g Spaghetti
200 g Schlagobers
3 Handvoll Hopfenspitzen
Olivenöl
50 g Parmesan
6 EL Weinviertel DAC (oder trockener Weißwein)
Salz, Pfeffer

Zubereitung

Nudeln nach Verpackungsanleitung bissfest kochen, ca. 2 Min. vor
Ende der Zeit 2/3 der Hopfensprossen in den Topf zu den Nudeln
geben. Wenn die Nudeln auf den Punkt gegart sind, gemeinsam
mit den Hopfensprossen abseihen. In einem Topf Olivenöl erhitzen und darin die restlichen Hopfentriebe anbraten, sodass sie
knusprig werden. Hopfen aus der Pfanne geben und auf Küchenpapier abtropfen lassen. Bratenrückstände mit Weißwein ablöschen
und mit Obers aufgießen. Ca. 4 Min. leicht köcheln lassen. Die
Hälfte des Parmesans unterrühren, kurz aufkochen lassen und die
„Hopfen-Nudeln" dazugeben. Alles gut durchmischen und auf Teller anrichten. Mit knusprigen Hopfenspitzen garnieren.

Lamium maculatum

Botanischer Name: *Lamium maculatum L.*
Weinviertler Synonym: *Kronrat, Blinde Brennnessel, Süassling, Roter Zirst*

Wer die lila Blüten auszusaugen versucht und einen leicht süßlichen Geschmack wahrnimmt, darf sich freuen, denn dann war er vor der Hummel bei dieser Delikatesse.

Standort und Aussehen

Im Weinviertel finden sich vor allem fünf Taubnesselarten: die Weiße Taubnessel, die Rote Taubnessel, die Stängelumfassende Taubnessel, die Gelbe und die Gefleckte Taubnessel. Letztere findet sich auf der beschriebenen Route am Ende der Kellergasse nach den letzten Kellern im Grünstreifen gleich neben dem Weg. Grundsätzlich würde die Taubnessel fast überwall wachsen, sie bevorzugt meist die gleichen Standorte wie die Brennnessel und wächst gerne auf stickstoffreichen Böden. Die verschiedenen Taubnesselarten unterscheiden sich zwar im Aussehen ein wenig, doch sind ihre Eigenschaften gleich, und alle sind essbar.

Sammeln und Kochen

Für die Wildkräuterküche interessant sind die obersten zarten Blätter. Ihre kleinen Lippenblüten sind eine hübsche Dekoration für viele Speisen. Sie schmecken zart-süß. Hummeln lieben den Nektar der Taubnessel. Die geflügelten Insekten nutzen die untere Lippe als Anflugplatz, um mit ihrem Rüssel an den tiefliegenden Nektar heranzukommen. Die Blättchen und Blüten können von März/April bis etwa Mai geerntet werden und nach einer Sommerpause, sobald der Boden wieder feuchter ist im September/Oktober erneut. Auch hier sollte man nur die vier bis sechs zarten Blättchen aus dem obersten Blattquirl ernten. Die Blätter der Taubnessel haben ein zartes Champignonaroma. Dieses Aroma deutet auf ihre Verwendung in der Küche hin. So würzen sie zum Beispiel einen Wildkräutersalat und eignen sich blanchiert oder zart gedünstet sehr gut für Fisch. In Kombination mit Brennnesseln kommen sie in Suppen, Aufläufen und Soufflés zur Geltung. Die Blätter sind aromatisch und geschmacklich extravagant. Getrocknet lassen sie sich auch als wilde Suppenwürze verwenden. Die Blüten schmecken süß und können als Dekoration für Salate und Süßspeisen verwendet werden.

Weinviertler und andere Weisheiten

Wie alle essbaren Wildpflanzen eignet sich auch die Taubnessel hervorragend für die Herstellung von grünen Smoothies. Diese Zubereitungsart stammt aus dem US-amerikanischen Raum. „Smooth" steht für „fein", „gleichmäßig", „cremig" und deutet auf die gewünschte Konsistenz des Getränks hin. Man könnte Smoothie mit „Ganzfruchtgetränk" übersetzen. Denn für die Herstellung werden ganze Früchte, Wasser oder Fruchtsäfte fein gemixt. Für den grünen Smoothie werden in den kräftigen Mixer neben vollreifen Früchten und Flüssigkeit auch Wildkräuter oder grünes Blattgemüse hinzugefügt. Bekömmlich schmeckt der Drink, wenn er eine angenehme süß-saure Note aufweist. Rezepte gibt es unzählige, jedoch macht das Experimentieren mit den diversen Zutaten bedeutend mehr Spaß.

Taubnessel-Flammkuchen

Zutaten (Teig)

3 Handvoll Taubnesselblätter
300 g Mehl
120 g Milch
1/2 Würfel Germ
50 g Butter
1 TL Zucker
1 Ei
1 TL Salz

Zutaten (Belag)

250 g Mozzarella, in Stücken
100 g Speckwürfel
1 Becher Sauerrahm
1 rote Zwiebel
1/4 TL Pfeffer
Taubnesselblüten

Zubereitung

Milch und Butter erhitzen, bis die Butter geschmolzen ist. Etwas überkühlen lassen. Ei, Milch, Mehl, Salz und zerbröckelte Germ dazugeben und zu einem geschmeidigen Teig kneten. Diesen zugedeckt an einem warmen Ort ca. 1 Std. aufgehen lassen. Backofen auf 220° C Umluft vorheizen. Taubnesselblätter waschen, tropfnass in eine Pfanne geben und erhitzen, bis sie zusammenfallen. Kalt abschrecken und gut ausdrücken. Zwiebel halbieren und in dünne Scheiben schneiden. Germteig in 4 Teile teilen und sehr dünn auswalken. Je dünner, desto knuspriger wird der Flammkuchen. Backpapier auf Bleche legen. Darauf den Teig geben. Diesen mit Sauerrahm bestreichen. Speck, Zwiebel, Taubnesselblätter und Mozzarellastücke darauf verteilen. Mit Salz und Pfeffer würzen. Im Ofen ca. 10 Min. backen. Vor dem Servieren mit frischen Taubnesselblüten bestreuen.

Sommer

In der heißen Jahreszeit werden die meisten grünen Wildkräuter sehr faserig. Wenn sie nicht laufend geerntet werden, sind viele von ihnen nicht mehr ideal für die Wildpflanzenküche. Daher gilt im Sommer das Interesse mehr und mehr den wunderschönen bunten Blüten. Die Farbpalette reicht vom Blau der Kornblume über intensive Lilatöne beim Salbei bis hin zum Gelb und Rot der Rosen. Generell sind die Blüten nicht so geschmacksintensiv wie die grünen Teile der Pflanzen. Jedoch wird das spielend durch das wunderschöne Aussehen wettgemacht.

Naturpark Leiser Berge

Im Herzen des Weinviertels, unweit von Mistelbach entfernt, liegt der Naturpark Leiser Berge. Dieser umgibt die höchste Erhebung des Weinviertels, den Buschberg (491 Meter). Hier befindet sich die am niedrigsten gelegene Alpenvereinshütte Österreichs, die ganzjährig an Wochenenden bewirtschaftet ist. Der Naturpark Leiser Berge bietet zahlreiche markierte Wanderwege, die von kurzen Spaziergängen für Familien bis zu lockeren Tagestouren für ambitionierte Wanderer reichen. Nähere Details dazu findet man auf der Website der österreichischen Naturparke (naturparke.at) unter NÖ/Leiser Berge.

Steppenrasen Oberleiser Berg

Der mit 457 Metern Meereshöhe landschaftsprägende Oberleiser Berg liegt zwischen Klement und Ernstbrunn. Von der Aussichtswarte, die nach dem Vorbild eines antiken Wachturms gestaltet wurde, hat man einen imposanten Blick auf die Trockenrasen, Äcker und Wälder der Umgebung, die bereits seit der Jungsteinzeit bewirtschaftet werden. Ein kleines Freilichtmuseum und eine Ausstellung im Inneren des Turmes dokumentieren die Grabungen zum Thema 6000 Jahre Wohngebiet Oberleis. Die Ausstellung ist von April bis Oktober an Wochenenden der Öffentlichkeit zugängig.

Ausgangspunkt des kleinen Rundgangs ist der große Parkplatz in Oberleis. An der Kirche vorbei führt der kurze Anstieg zum Plateau, auf dem sich die Aussichtswarte befindet. Nicht länger als zehn Minuten dauert der kleine Spaziergang auf den Oberleiser Berg hinauf, wo man einen Rundumblick über das gesamte Weinviertel genießen kann. Bei guter Sicht sind der Donauturm in Wien sowie der Schneeberg und manchmal sogar der Ötscher zu erkennen. Im Osten reicht der Blick bis zu den Karpaten, und im Norden erkennt man die Pollauer Berge.

Von der Aussichtswarte hat man einen guten Blick hinunter auf die Grundrisse des ehemaligen germanischen Königssitzes, auf dem sich der Turm befindet. Die ersten Forscher glaubten, sie seien auf die Grundmauern eines römischen Hauses gestoßen. Doch heute weiß man, dass es zwischen Germanen und Römern auch friedliche Koexistenz gegeben hat, der Handel florierte und germanische Könige ihre Wohnbauten nach römischen Vorbildern gebaut haben. Die Wissenschafter datieren die ersten Funde mit 4000 vor Christus (mittlere Jungsteinzeit). Es wurden auch Nachweise für eine Grabenanlage aus der frühen Bronzezeit und Pfostenbauten aus der vorchristlichen Keltenzeit gefunden. Einzig der ausgeschilderte Römerweg, der beim Weg zurück zum Parkplatz rechter Hand vor dem Friedhof wegführt, zeugt noch von den anfänglichen Fehlannahmen.

Von der Aussichtswarte führt ein 30-minütiger Spazierweg rund um das Oberleiser Plateau. Wer den Aussichtsturm in südlicher Richtung verlässt, kommt auf einem leicht abfallenden Weg vorbei an schönen Standorten von Quendel, der diese trockenen, kalkhaltigen Böden liebt. Man umrundet eine wilde Wiese, wo man viele schöne Sommerblüher entdecken kann. Im Hochsommer ist jedoch die erste Mahd bereits vorüber, da wird es schwerer, noch spannende Pflanzen zu finden.

Durch ein kleines Wäldchen, vorbei am Bußkreuz und einem Rastplatz, gelangt man wieder zurück zur Kapelle beim Aussichtsturm. Ein idealer Platz, um den geschichtsträchtigen Ort nochmals auf sich einwirken zu lassen.

Wer mehr über die frühzeitlichen Besiedelungen des Weinviertels wissen möchte, begibt sich ins 14 Kilometer entfernte Aspern an der Zaya, wo im Schloss Aspern seit vielen Jahren ein umfassender Einblick in die Urgeschichte gegeben wird.

Capsella bursa-pastoris

Botanischer Name: *Capsella bursa-pastoris L.*
Weinviertler Synonym: *Herzalkraut, Herzal, Taschlkraut*

Seinen Namen hat das Hirtentäschel aufgrund seiner Samen. Die Gestalt der Samenkapseln gleicht der von historischen Hirtentaschen. In Oberleis kann man die Hirtentäschel entlang von Wegen allerorts finden.

Standort und Aussehen

Im Frühling wachsen die kleinen Rosetten des Hirtentäschels fast überall. Sie ähneln den Blättern des Löwenzahns, sind jedoch um einiges kleiner und viel feiner geteilt als diese. Die Samenstände, welche das ganze Jahr hindurch wachsen können, werden 15 bis 60 Zentimeter hoch. Dieser heimische Kreuzblütler hat weiße Blüten, die in kleinen Büscheln rund am oberen Teil des Stängels angeordnet sind. Aus befruchteten Blüten entstehen kleine herzförmige Früchte, die für das gewöhnliche Hirtentäschel so markant sind. In dieser kleinen Schote befinden sich zehn bis zwölf Samen.

Sammeln und Kochen

Wer die Pflanze gut kennt, kann im Frühling die Rosetten sammeln, indem er mit einem scharfen Messer die ganze Pflanze direkt beim Boden abschneidet. Der etwas scharfe Geschmack des Hirtentäschels, der durch die Aufspaltung der Senfölglykoside hervorgerufen wird, kann gemildert werden, wenn man die kleinen Rosetten unter einen kultivierten Salat mischt und nicht artenrein verzehrt. Wenn die Samen voll ausgebildet sind, ist es nicht mehr so schwierig, die Pflanze zu erkennen. Man sollte jedoch darauf achten, dass die Schoten bei der Ernte noch schön grün sind, sonst könnte es eventuell vorkommen, dass die Früchte für den Verzehr etwas zu hart sind. Die ganzen Samenstände lassen sich wunderbar in heißem Fett knusprig backen und als ausgefallene Dekoration für Fleisch, aber auch vegetarische Rezepte verwenden. Natürlich kann man sie, vom Stiel gezupft, roh über diverse Speisen streuen. Der nussige Geschmack der Schoten macht die Mühsal des Sammelns wett.

Weinviertler und andere Weisheiten

Früher wurde das Hirtentäschel als Tee und auch als Wundstillmittel verwendet. Die Fähigkeit, Blut zu stillen, geht aus einer Kombination von verschiedenen Inhaltsstoffen der Pflanze hervor.

Fisch im Packerl mit Hirtentäschelknusper

(für 4 Personen)

Zutaten

Olivenöl
4 Jungzwiebeln
4 kleine Knoblauchzehen
2 Karotten
Gemischte Wildkräuter (Schafgarbe, Giersch …)
4 Stücke Fischfilet à 150 g
4 EL Weißwein
Kräutersalz
Pfeffer
50 g Butter
1 Zitrone
Hirtentäschel
8 Blatt Backpapier (ca. 35 x 25 cm)
Pflanzenöl zum Frittieren

Zubereitung

Für jeden Fisch Papier doppelt nehmen. Papier in der Mitte mit Olivenöl bestreichen. Jungzwiebeln in Ringe schneiden und die Karotten grob raspeln. Knoblauch schälen und vierteln. Kräuter sortieren und grob schneiden. Karotten, Jungzwiebeln und Kräuter vermischen und jeweils ein Viertel davon auf je ein doppeltes Backpapier in der Mitte verteilen. Darauf die Fischfilets platzieren. Knoblauch auf den Fischen verteilen, diese salzen sowie pfeffern und mit etwas Weißwein beträufeln. Butter kleinwürfelig schneiden und auf die 4 Portionen verteilen. Danach das Papier hochklappen, 2 Mal einschlagen und seitlich zubinden, sodass geschlossene Päckchen entstehen. Im vorgeheizten Backofen bei 200° C die Fische ca. 15–20 Min. garen lassen. In der Zwischenzeit schöne grüne Hirtentäschel-Samenstände in heißem Öl frittieren. Den so entstandenen Hirschtäschelknusper auf Küchenkrepp abtropfen lassen. Fischpackerl öffnen und mit Hirtentäschelknusper servieren.

Tipp: Dazu passt wunderbar Zitronenbutter. Dafür 100 g weiche Butter mit 2 EL Zitronensaft und der Schale 1/2 Zitrone verrühren.

Botanischer Name: *Papaver rhoeas L.*
Weinviertler Synonym: *Feld-Mohn, Droad-Mohn*

Der Frühsommer ist die Zeit, in der man im Weinviertel immer öfter knallrote Felder entdecken kann. Meist sind dies Grünbrachen, die zu Beginn des Sommers ein rotes Klatschmohn-Kleid tragen.

Standort und Aussehen

Man findet den Klatschmohn nicht nur in Feldern oder an Feldrändern. Auch Wegränder und besonders gerne Ruderalflächen werden von dieser Pionierpflanze bevölkert. Der Klatschmohn bevorzugt Lehmböden, dies ist ein Grund, warum er im Weinviertel so zahlreich anzutreffen ist.

Durch die scharlachrote Blüte ist der Klatschmohn ganz leicht zu erkennen. Die Blütenblätter sind fast durchsichtig und weisen in der Mitte der Blüte im Blattansatz eine kleine schwarze Stelle auf. Die Blüte sitzt auf einem stark behaarten Stängel, der bis zu 80 Zentimeter hoch werden kann. Die Samenkapsel ist verglichen mit dem des Kulturmohns sehr klein, sie kann bis zu 20.000 Samen pro Saison produzieren.

Sammeln und Kochen

Die Pflanze ist verwandt mit dem Schlafmohn, aus welchem Opium gewonnen wird. Die Stiele des Klatschmohns sind bitter und auch schwach giftig. Ein paar Blütenblätter kann man aber ohne Sorge verwenden. Der weiße Milchsaft sollte auf keinen Fall genossen werden. Die Samen sind harmlos. Zwar haben sie nur einen dezenten Geschmack, wer aber die kleinen Mohnkapseln für Trockengestecke und andere Bastelarbeiten verwendet, kann durch Schütteln diese Samen aus den kleinen Öffnungen an der Kapselspitze befördern. Diese können zum Dekorieren verwendet werden, etwa zum Bestreuen von selbst gebackenen Weckerln.

Weinviertler und andere Weisheiten

Nicht nur im Weinviertel gab es früher in den Kinderzimmern bedeutend weniger Spielsachen als heute. Die Kinder waren damals kreativ und spielten mit Dingen, die sie in der Natur vorfanden. Etwa auf folgende Weise: Die bunten Kelchblätter des Klatschmohns flach auf die zur Faust geballte linke Hand legen, sodass möglichst viel vom Zeigefinger bedeckt ist. In der Mitte wird eine kleine tiefere Stelle gedrückt. Dann schlägt man mit der rechten hohlen Hand auf das tiefgewölbte Blatt. Könner dieses Spiels lassen dann einen Knall oder Klatscher erklingen. Vielleicht ist dieses Spiel der Ursprung des Namens. Weiters sehr beliebt: kleine Mohnpüppchen, die sich ganz einfach aus einer Blüte und einer Blütenknospe formen lassen. Man nimmt die Samenkapsel für das Köpfchen und steckt sie am Stielansatz in die Knospe. Dann öffnet man die Knospe und zupft das rote Kleidchen der Puppe heraus.

Klatschmohn-Wildkräutertürmchen mit Klatschmohnpralinen

Zutaten (Klatschmohnmousse)

Blätter von 6 Klatschmohnblüten
1/2 Handvoll würzige Wildkräuter
(Schafgarbe, Gundelrebe …)
250 g Topfen
200 ml Milch
100 ml kräftige Gemüsesuppe
1 TL Honig
1 TL Senf
2 TL Zitronensaft
7 Blatt Gelatine
Salz, Pfeffer

Zutaten (Klatschmohnpralinen)

Schafmilchfrischkäse
Salz, Pfeffer
Klatschmohnblätter

Zutaten (Klatschmohnsauce)

Klatschmohnblütenblätter
100 ml Rapsöl
1 TL Senf
1 TL Weißweinessig
1 Eidotter
1 Knoblauchzehe

Zubereitung

Rote Mohnblätter schneiden und mit Milch mixen, Wildkräuter fein schneiden. Gelatine in kaltem Wasser einweichen. Gemüsesuppe erwärmen, Gelatine fest ausdrücken und darin schmelzen lassen. Topfen, Klatschmohn-Milch und Wildkräuter verrühren, Senf, Honig sowie Zitronensaft dazugeben und mit Salz, Pfeffer abschmecken. Danach die geschmolzene Gelatine einrühren. Die Masse in vorbereitete Form füllen und ca. 4 Std. im Kühlschrank kühlen.

Die Terrine kann auch in Portionsförmchen gegeben werden.

Für die Klatschmohnpralinen den Schafmilchfrischkäse mit Salz und Pfeffer verrühren. Runde Kugeln formen und diese in gehacktem Klatschmohn rollen.

Für die Sauce Klatschmohnblütenblätter fein schneiden und mit Rapsöl sowie Knoblauch in einem hohen Becher mixen. Senf, Essig und 1 Eigelb unterrühren, abschmecken und nochmals kurz durchmixen.

Zum Anrichten Terrine aus der Form geben und in Scheiben schneiden bzw. Türmchen aus den Portionsförmchen lösen. Mit hauchdünnen getoasteten Schwarzbrotscheiben und Klatschmohnpralinen auf einem Teller anrichten. Mit Sauce und Blütendekoration servieren.

62

Botanischer Name: *Leucanthemum vulgare Lam.*
Weinviertler Synonym: *Alte Weiber, Zeisslgras, Grüllngras*

In Deutschland ist diese schöne Pflanze als „Wucherblume" bekannt. Dieser Ausdruck ist im Weinviertel eher unüblich, finden kann man sie aber vielerorts.

Standort und Aussehen

Diese wunderschöne Blume bevorzugt sonnige bis halbschattige Plätze und liebt trockene, magere und eher nährstoffarme Böden. Im Weinviertel ist sie oft an Ackerrändern anzutreffen. Auch in ungedüngten Wiesen und auf Pionierstandorten ist sie manchmal sogar massenhaft zu finden.
Der kantige Stängel wächst bis zu einem halben Meter hoch und endet mit einem weißen Blütenköpfchen. In seltenen Fällen kann der Stängel auch verzweigt sein. Bei der Korbblüte sind die gelben Röhrenblüten von weißen Zungenblüten umgeben. Sie können den ganzen Sommer hindurch blühen. Ihre Blätter sind leicht gestielt und an den Rändern unregelmäßig gezähnt, jedoch verglichen mit den weißen strahlenden Blüten eher unscheinbar.

Sammeln und Kochen

Die zarten, jungen, grünen Blättchen können im späten Frühjahr geerntet werden und weisen einen milden Geschmack auf. Sie passen sehr gut in Wildblattsalate, wenn die Dosierung dezent ist. Die Blütenknospen und auch die Blüten hingegen haben einen etwas intensiveren Geschmack. Daher spricht alles dafür, sie in Teig getaucht in Fett herauszubacken. Wenn man die in Backteig getunkte Margerite in heißes Fett taucht, öffnet sie im Fett ihre Blätter und man bekommt wunderschön frittierte Blüten. Auch die langen Stängel sind ideal für diese Zubereitungsart. Möchte man sie in rohem, frischem Zustand genießen, sollte man aufgrund des dominanten Geschmacks nur kleine Mengen in Salat oder sommerliche Speisen geben. Roh verwendet ist es ratsam, die Blätter und die Blüte vor der Verwendung kleinzuschneiden. Hervorragend eignen sich die frischen Blumen als Buffet- und Tischdekoration.

Weinviertler und andere Weisheiten

In der Blumensprache steht die Margerite für Unentschlossenheit zur Liebe. Man sagt, sie ist das Abbild einer unverdorbenen, naturnahen, schmucklosen Schönheit und verkörpert die natürliche Unschuld. Vielleicht waren deswegen Kränze aus Margeriten, ins Haar geflochten, bei den Mädchen im Weinviertel so beliebt.

Margeriten in Backteig
mit Wildkräuterremoulade

Zutaten (Backteig)

20–40 Margeriten (mit Blüte und möglichst
langem Stängel)
1 Ei
250 ml Gespritzter (50 % Weißwein, 50 % prickelndes
Mineralwasser)
100 g Mehl
45 g Stärke
Salz, Pfeffer,
Saft 1/4 Zitrone
Sesamöl

Zubereitung

Alle Zutaten für den Backteig verrühren und ca. 10 Min. rasten lassen. Die Blüten einzeln in den Teig tauchen und schwimmend in
heißem Fett frittieren. Auf Küchenpapier abtropfen lassen und vorsichtig abtupfen.

Zutaten (Remoulade)

3 Stück Essiggurkerl
100 ml Sauerrahm
80 g Mayonnaise
Salz, Pfeffer
1 TL Senf
1 Spritzer Zitronensaft
1 Jungzwiebel
5 Stk. Kapern
1 Handvoll Wildkräuter (Gundelrebe, Vogelmiere …)

Zubereitung

Jungzwiebel und Essiggurkerl möglichst keinwürfelig schneiden.
Wildkräuter sortieren, Kapern fein schneiden. Sauerrahm, Mayonnaise und Senf verrühren, alle Zutaten vermischen und abschmecken. Sollte die Sauce zu fest sein, kann man ein bisschen
Essiggurkerlwasser dazumischen.

HAINDL ERLACHER
GRÜNER VELTLINER
Stixenkreuter 2013

Plantago lanceolata

Botanischer Name: *Plantago lanceolata L.*
Weinviertler Synonym: *G'schpitzter Wögrad*

Spitzwegerich

Die Wegeriche besitzen einen königlichen Namen. Sie werden oft „Könige des Weges" genannt, denn im indogermanischen Sprachgebrauch bedeutet die Silbe „rich" „König".

Standort und Aussehen

Der Spitzwegerich ist eine der Pflanzen, die weltweit verbreitet sind. Er ist in Wiesen jeder Art zu finden wie auch an Wegen und Feldrändern. Seine Blätter sind unverwechselbar. Sie wachsen in Rosetten, sind lanzettartig und haben hervorstehende, parallel verlaufende Blattnerven. Sie verschmälern sich zu einem rinnenartigen Stiel, der direkt aus der Erde wächst. Ebenfalls direkt aus der Erde, aus der Mitte der Rosette entspringt der aufrecht wachsende Blütenstängel. Die Blütenstände ähneln eiförmigen länglichen Ähren. Diese findet man zwischen Mai und September mit kleinen weißen, herausragenden Blüten versehen.

Sammeln und Kochen

Man kann den Spitzwegerich fast das gesamte Jahr hindurch ernten, da immer wieder junge Blätter aus der Rosette wachsen. Verwendet werden die grünen Blätter, wobei man den sich verjüngenden Teil wegschneidet. Sofern der Spitzwegerich nicht als Röllchen verwendet wird, sollte man die Blätter immer quer zu den Blattadern schneiden, da diese eher schwer verdaulich sind. Die Pflanze eignet sich als Zutat für Rohkost, Salate, Suppen, Strudeln, Aufstriche und vieles mehr. Es ist jedoch ratsam, ihn mit milderen Kräutern wie der Vogelmiere oder dem Giersch zu mischen, da der pure Geschmack von Spitzwegerich sehr intensiv sein kann. Spitzwegerich hat einen leichten Pilzgeschmack. Wer diesen in den grünen Blättern vergeblich sucht, kann die Samenstände verkosten. Hier ist dieses Aroma etwas deutlicher zu schmecken.

Weinviertler und andere Weisheiten

Im Weinviertel wird der Spitzwegerich, wie in vielen anderen Gegenden auch, als Kraut für den selbst gemachten Hustensirup verwendet. Hierfür werden Spitzwegerichblätter fein nudelig geschnitten, mit viel Zucker vermischt und in ein Schraubglas gegeben. Dieses wird etwa drei Monate dunkel und kühl gelagert. Die entstandene zähflüssige Masse kann bei Hustenreiz Linderung bringen. Fast noch besser als die Schafgarbe kann man den Spitzwegerich als Hilfsmittel gegen Insektenstiche und Brennnesselverletzungen verwenden. Die Säfte, die aus dem zerknüllten Blatt austreten, werden einfach auf die betroffenen Hautstellen gerieben. So kann die antibakterielle, adstringierende und vor allem histaminhemmende Wirkung volle Arbeit leisten.

Spitzwegerich-Linsen-Salat
mit Filet von der Räucherforelle

Zutaten

200 g Belugalinsen
1 Handvoll Spitzwegerich
1 Frühlingszwiebel
1 roter Paprika
1 EL Walnussöl
2 EL Weißweinessig
1 TL Zucker, Salz, Pfeffer
1 Filet einer Forelle, geräuchert

Zubereitung

Linsen in kaltem Wasser waschen, in einen Topf geben, mit Wasser bedecken und kochen, bis sie weich sind. Dies kann 20–25 Min. oder ein bisschen länger dauern. In der Zwischenzeit Spitzwegerichblätter waschen und 2/3 davon fein nudelig schneiden. Wenn die Linsen die richtige Konsistenz haben, abseihen und in eine Schüssel geben. Mit klein gehacktem Paprika und Frühlingszwiebel (in Ringe geschnitten) sowie dem geschnittenen Spitzwegerich mischen.

Aus Walnussöl, Essig, Zucker, Salz (davon darf es hier ruhig ein bisschen mehr sein als üblich) und Pfeffer ein Dressing anrühren. Über die noch warmen Linsen geben, auskühlen und anschließend rund 2 Std. im Kühlschrank ziehen lassen. Die restlichen Spitzwegerichblätter auf die Teller legen und darauf den Salat anrichten. Forellenfilet in Stücke schneiden und auf dem Salat verteilen. Mit frischem Weißbrot servieren.

Achillea millefolium

In keinem Wiesenblumenstrauß sollte die Schafgarbe fehlen, da sie im ganzen Weinviertel anzutreffen ist und hier sogar in mehreren Kleinarten vorkommt. Neben der eigentlichen Schafgarbe treten noch die Hügel-Schafgarbe und die Ungarische Schafgarbe auf.

Standort und Aussehen

Die Pflanze ist sehr anpassungsfähig und bevorzugt sonnenreiche Orte. Man findet sie in Wiesen, an Straßen- und Wegrändern sowie auf G'stetten und Böschungen. Zu feuchte Stellen meidet sie.

Als mehrjährige Staude findet man fast ganzjährig ihre markanten Blätter, diese sind sehr filigran und im Frühling angenehm weich. Die Pflanze bildet zahlreiche Ausläufer, deshalb sieht man in der Wiese oft viele vereinzelte Blätter und wenige Blütenstände. Im Sommer beginnt die Schafgarbe zu blühen, die Blätter werden etwas fester und sie bildet einen dichten Blütenschirm aus kleinen weißen Korbblüten. Der Stängel ist leicht behaart und kann bis zu 50 Zentimeter hoch werden.

Sammeln und Kochen

Man sammelt vorrangig die jungen, kleinen Blätter. Diese schmecken kräftig-herb und werden daher mit Gemüse gemischt oder für Eispeisen verwendet. Schafgarbe ist in frischem oder auch in getrocknetem Zustand verwendbar. Wenn die Blätter etwas älter sind, kann man die feineren Teile ganz leicht abstreifen. Man nimmt nur die abgezupften Teile, die härteren Stängel werden übergelassen. Das Kraut passt hervorragend in Suppen, Saucen zu Fleisch und Gemüsegerichten. Für Aufstriche und Pestos ist eine Kombination mit anderen Kräutern ratsam. Besonders gut macht sich Schafgarbe im Brotteig und als Verzierung auf Brotwecken und kleinen Brötchen. Die fein gehackten Kräuter werden in den Teig gemischt, ganze Blätter werden einfach auf den Teig gedrückt und mitgebacken. Dies schaut gut aus und schmeckt auch wunderbar würzig. Kräuteressig wäre eine andere Verwendungsmöglichkeit der Schafgarbe, hierfür eignen sich auch die Blütenköpfe. Die Blüte ist genießbar, aber durch ihre harte Konsistenz eher ungeeignet für die Verwendung in der Küche.

Weinviertler und andere Weisheiten

Die Schafgarbe wird auch „Soldatenkraut" genannt. Man sagt, dass bereits die alten Griechen die wundheilende Wirkung der Pflanze erkannt haben. Sie wurde direkt am Schlachtfeld zur Heilung von Kampfwunden verwendet. Heute können wir uns diese Wirkung bei Insektenstichen und auch bei Verbrennungen zunutze machen, indem wir einige Schafgarbenblätter sammeln, zwischen den Fingern zerreiben und direkt auf die betroffene Hautstelle halten. Dies lindert den Schmerz und wirkt desinfizierend und wundheilend.

Schafgarben-„Wuzelnudel"
mit Spiegelei und Wildkräutersalat

Zutaten

500 g vorwiegend festkochende Erdäpfel
1 Karotte
1 Handvoll Schafgarbe
145 g Universalmehl
1 Ei
Salz, Pfeffer, Muskatnuss
30 g weiche Butter

Zubereitung

Die Erdäpfel mit der Karotte waschen und ungeschält in Wasser leicht köcheln lassen, bis sie weich sind. Danach Wasser abgießen. Wenn es die Temperatur zulässt, schälen und durch die Erdäpfelpresse drücken. Schafgarbe fein hacken und über die Erdäpfel-Karotten-Masse streuen. Mehl und 1 Ei dazugeben und möglichst rasch zu einem Teig verarbeiten. Mit Salz, Pfeffer und Muskatnuss abschmecken. Mit nassen Händen daumengroße Nudeln mit spitz zulaufenden Enden formen. In einer Pfanne die Butter schmelzen lassen und die Wuz-Wuz, wie die Schupfnudeln im Weinviertel auch heißen, darin portionsweise bei mittlerer Hitze von beiden Seiten je 4 Min. goldbraun braten. Mit Wildkräutersalat (Rezept: siehe Vogelmiere) und einem Spiegelei von der Wachtel servieren.

Salvia pratensis

Botanischer Name: *Salvia pratensis L.*

Weinviertler Synonym: *Wilder Salbei, Wüder Salver, Kåtznschwaf*

Der Wiesensalbei ist eine der schönsten Pflanzen, die das Weinviertel an seinen Weg- und Straßenrändern zu bieten hat. Die blauen Traubenstände lassen das Herz jedes Pflanzenliebhabers höher schlagen.

Standort und Aussehen

Der Wiesensalbei ist eine ausdauernde Pflanze, die trockene Böden liebt. Sie ist an sonnigen Plätzen wie Wiesen, Wegrändern und Böschungen anzutreffen. Die grundständigen Blätter sind in Rosetten angeordnet. Daraus entspringt ein leicht behaarter Stängel, der auch kleinere Blätter aufweist. Wie alle Lippenblütler ist auch der Stängel des Wiesensalbeis vierkantig. Im Frühsommer blüht der Wiesensalbei dunkelviolett. Manchmal geht er ins Bläuliche, noch seltener ins Rosafarbige über. Die Blüten sind ährenförmig, entlang des oberen Teiles des Stängels angeordnet und haben eine sehr auffallende sichelförmige „Oberlippe".

Sammeln und Kochen

Der Wiesensalbei hat nicht den intensiven Salbeigeruch wie der Gartensalbei. Auch kann seine Heilwirkung nicht im Ansatz mit der des Gartensalbeis mithalten, da im Gartensalbei die Inhaltsstoffe, vor allem die ätherischen Öle, in stärkerer Konzentration vorhanden sind. Die Blüten sind ein optischer Aufputz für Speisen aller Art. Sie schmecken zart aromatisch, leicht süßlich und können für Sirupe und Desserts verwendet werden. Die jungen Blätter können als Würzkraut in kalte wie warme Speisen gemischt werden. Allerdings ist es von Vorteil, wenn man nicht zu viel davon verwendet, denn das Aroma des Wiesensalbeis ist nicht jedermanns Sache.

Weinviertler und andere Weisheiten

Die Salbeiarten weisen alle einen sehr speziellen Bestäubungsmechanismus auf. Die Hummel steckt ihren Rüssel auf der Suche nach Nektar in die Blüte. Dadurch setzt sie einen Hebel in Bewegung: Die unter der Oberlippe verborgenen Staubfäden werden nach unten gedrückt, dadurch werden die Pollen auf dem Rücken der Hummel platziert. Nun nimmt sie den Blütenstaub (Pollen) mit zum nächsten Wiesensalbei, wo er vielleicht auf die Narbe des Fruchtblattes gelangt (Bestäubung).

Wiesensalbei-Risotto

Zutaten

1 Zwiebel
1 Knoblauchzehe
1/2 Handvoll Wiesensalbeiblätter
6 EL Olivenöl
250 g Risottoreis (Arborio)
150 ml Weißwein
700 ml Gemüsebrühe
80 g Parmesan
Kräutersalz, Pfeffer
Wiesensalbeiblüten

Zubereitung

Zwiebel fein schneiden, Knoblauch pressen, Salbeiblätter fein-nudelig schneiden. Olivenöl in einem Topf erhitzen und Zwiebel darin glasig andünsten, dann Knoblauch, geschnittene Salbeiblätter und Risottoreis dazugeben und so lange rühren, bis der Reis ebenfalls glasig ist. Mit Weißwein ablöschen und warten, bis die Flüssigkeit verdampft ist. Dann mit heißer Gemüsesuppe auffüllen, bis der Reis mit Suppe bedeckt ist. Bei mittlerer Hitze und ständigem Rühren den Reis garen lassen und immer wieder Gemüsesuppe dazugießen. Dieser Vorgang wird so lange wiederholt, bis der Reis bissfest gekocht ist. Danach mit Kräutersalz und Pfeffer abschmecken und die Hälfte vom geriebenen Parmesan unter das Risotto mischen. Auf Teller mit restlichem Käse und Wiesensalbeiblüten anrichten.

Thymus serpyllum

Was wäre die Weinviertler Küche ohne Thymian. Selten gibt es einen Sonntagsbraten ohne Kudelkraut. Auch das Brathendl wäre ohne Thymian oder Quendel nicht das, was viele Weinviertler gewohnt sind.

Standort und Aussehen

Der Quendel wächst mit Vorliebe an sehr sonnigen, steinigen, trockenen Stellen. In Oberleis ist er sehr zahlreich am rechten Hang bei der Aussichtswarte zu finden. Im restlichen Weinviertel sucht er sich oft sonnige Stellen in Hohlwegen oder entlang von aufgelassenen Bahntrassen. Er bildet meist kleine Teppiche. Diese entstehen aufgrund der kriechenden Stängel. Teile, die am Boden aufliegen, verholzen. Teile, die aufrecht, meist nicht höher als zehn Zentimeter, stehen, tragen am Ende die Blüten. Diese sind meist rosa und bilden kugelige Blütenstände, die von Weitem leicht zu erkennen sind. Die kleinen Blätter sind kurzstielig und riechen beim Zerreiben nach Thymian, manchmal nach Zitrone oder Lavendel.

Sammeln und Kochen

Verwendet werden die grünen Blätter, diese können auch noch während der Blüte geerntet werden. Quendel wird wie der klassische Küchenthymian als Würzkraut verwendet. Die Pflanze enthält das ätherische Öl Thymol, das dem Kraut sein charakteristisches Aroma verleiht. Besonders positiv am Thymian ist seine verdauungsfördernde Wirkung, die man sich bei fettigen Speisen zunutze machen kann. Man kann Quendel trocken oder auch frisch verwenden. Er eignet sich ideal zum Mitbraten von großen Fleischstücken, passt in Grillmarinaden genauso wie in Gemüsegerichte. Im Weinviertel wird er seit jeher sehr häufig in der Küche verwendet, auch wenn der wilde Thymian nicht ganz so geschmacksintensiv ist wie andere Thymianarten. Hervorragende Geschmackskombinationen ergeben sich mit Rotwein, Faschiertem oder Zucchini. Auch die Blüten können verwendet werden, eignen sich aber auch als Dekoration.

Weinviertler und andere Weisheiten

Bereits die alten Griechen benutzten Thymian als Räucherpflanze, er soll die atmosphärische Stimmung verbessern. Im Mittelalter wurden Thymiane als Rauschmittel (Halluzinogen) vor allem bei religiösen Ritualen verwendet. Mancherorts ist er als Liebespflanze bekannt. Der Legende nach gehört er zu den „Bettstrohkräutern", mit denen Maria die Krippe Jesu ausgepolstert haben soll.

Schweinsmedaillons in Quendelbutter mit Quendelerdäpfeln

Zutaten (Schweinsmedaillons in Quendelbutter)

12 kleine Zweige Quendel
6 getrocknete Paradeiser (in Öl)
3 EL Einlegeöl (der Paradeiser)
1 große Knoblauchzehe
Salz, Pfeffer
80 g weiche Butter
600 g Schweinefilet
40 g Parmesan im Ganzen

Zubereitung

Vom Quendel werden die Blättchen abgestreift und fein geschnitten. Knoblauch schälen und ebenfalls möglichst fein hacken. Die Paradeiser abtropfen lassen und klein würfelig schneiden. Alles mit weicher Butter vermischen und mit je 1 Prise Salz und Pfeffer würzen. Aus der Masse eine kleine Rolle formen und in Folie gewickelt in den Tiefkühler legen. Backofen auf 80° C vorheizen. Das Filet in Medaillons mit einer Stärke von ca. 4 cm schneiden. Mit Salz und Pfeffer würzen. Das Öl der Paradeiser in einer Pfanne erhitzen und darin das Fleisch auf beiden Seiten je 2 Min. anbraten. Die Butter aus der Folie lösen und in Scheiben schneiden. Die Medaillons in ein feuerfestes Geschirr setzen und mit den Butterscheiben belegen. Nun ca. 40 Min. im Ofen garen. Parmesan hobeln und vor dem Servieren die Medaillons damit belegen.

Zutaten (Quendelerdäpfel)

500 g Erdäpfel
4 EL Olivenöl
1 Handvoll Quendel
1 EL grobes Meersalz

Zubereitung

Die Erdäpfel gut waschen und die Schale unter laufendem Wasser gut abreiben. Danach in Achtel schneiden und in einer Auflaufform verteilen. Den Quendel über den Erdäpfeln zwischen den Handflächen kurz verreiben und die restlichen kleinen Stiele über die Erdäpfel verteilen. Olivenöl und Salz darübergeben und gut durchmischen. Bei 200° C ca. 45 Min. braten.

Tipp: Die Quendelerdäpfel können auch am Vorabend zubereitet werden. Kurz vor dem Servieren erhitzt man sie in einer Pfanne.

Galium aparine

Botanischer Name: *Galium verum L., Galium mollugo L., Galium aparine L.*
Weinviertler Synonym: –

(Echtes, Wiesen- und Klettenlabkraut) Die Verwendung von Waldmeister in der Küche ist allgemein bekannt. Dass auch seine Schwestern (das Wiesen-, das echte und das Klettenlabkraut) in der Küche verwendet werden können, ist noch nicht Allgemeinwissen.

Standort und Aussehen

Die Labkräuter haben ihre Blätter immer ringförmig um den Stängel angeordnet. Die Blätter des Wiesenlabkrauts sind nicht ganz so groß wie die des Waldmeisters. Sie sind jedoch deutlich größer als die nadelartigen Blätter des echten Labkrauts. In der Blüte sind diese zwei Pflanzen leicht voneinander zu unterscheiden. Das Wiesenlabkraut blüht weiß, das Echte Labkraut gelb. Das Klettenlabkraut ist, wie der Name schon sagt, sehr klebrig und haftet manchmal sogar an glatt beschichteter Kleidung. Besonders Hundebesitzer freuen sich, wenn sie die kleinen, kugelförmigen Samenkapseln des Klettenlabkrauts aus dem Fell ihrer Lieblinge zupfen dürfen. Die Labkräuter lieben sonnenbeschienene Plätze an Wegrändern und in Wiesen. Im Oberleis findet man alle drei Labkräuter am Weg zur Aussichtswarte hinauf und in der Wiese unterhalb davon. Der Duft der Blüten des Wiesen- und Echten Labkrauts erinnert an frisch geschnittenes Heu. Dies bewirkt der Kumaringehalt, der die Pflanzen vor allem vor starkem Regen stark duften lässt.

Sammeln und Kochen

Das frische Grün des Wiesenlabkrauts kann man im Frühling im Wildkräuterpesto verarbeiten. Hierfür nimmt man die oberen Teile der ganzen Triebe. Die grünen Jungtriebe können auch in den Blattsalat gegeben werden. Die Blüten des Wiesenlabkrauts und Echten Labkrauts sind ebenfalls essbar. Sie duften manchmal zart nach Honig und verleihen Limonaden einen speziellen Geschmack. In der Verarbeitung kann man sie wie Hollerblüten verwenden. Die Samen des Klettenlabkrauts können im Spätsommer geerntet werden. Getrocknete Samen werden in der Kaffeemühle fein gemahlen und dann mit kochendem Wasser übergossen. Wenn man diesen speziellen Kaffee öfter umfüllt, kann er sein Aroma besser entfalten.

Weinviertler und andere Weisheiten

Das Echte Labkraut wurde, wie der Name schon sagt, in der Käseherstellung verwendet. Es bringt die Milch zum Gerinnen. Aufgrund der Wirtschaftlichkeit verwendet man heute das Labferment aus Kälbermägen. Das Echte und das Wiesenlabkraut wurden früher als Färberpflanzen verwendet. Aus den Wurzeln, die leider sehr klein sind, kann man wunderschöne rote Farbe herstellen. Dies ist auch namensgebend für den alten Gattungsnamen, den Rötegewächsen. Die behaarten, rauen Stängel des Klettenlabkrauts wurden früher zu einem Körbchen zusammengedreht und als Einwegsieb verwendet.

Labkraut-Erdäpfelhäppchen

Zutaten
1 Pkg. Blätterteig
2–3 kleine Erdäpfel
1 Ei
60 g Crème fraîche
1 Handvoll Labkraut (am besten Triebspitzen vom
Wiesenlabkraut)
Salz, Pfeffer

Zubereitung
Blätterteig auflegen und mithilfe eines kleinen Wasserglases oder
einer runden Ausstechform (Durchmesser: ca. 7 cm) Kreise ausstechen. Erdäpfel schälen und in feine Scheiben hobeln. Die Hälfte
der Labkrautblätter klein hacken und mit Crème fraîche und Ei verrühren. Anschließend mit Salz und Pfeffer abschmecken. Nun die
Blätterteigkreise auf einem Blech mit Backpapier verteilen, dann
die Erdäpfelscheiben darauf legen und mit Labkraut-Crème-fraîche
bestreichen. Im vorgeheizten Backofen bei 200° C ca. 20 Min. goldbraun backen. Die Häppchen mit restlichem Labkraut verzieren.
Sie können warm, lauwarm oder auch kalt serviert werden.

Plantago major

Breitwegerich

Botanischer Name: *Plantago major L.*
Weinviertler Synonym: *Wögarad, Vogelwürschtel*

Der Breitwegerich ist jedem schon einmal begegnet, wächst er doch buchstäblich unter unseren Füßen. Nicht nur der Last unseres Körpergewichtes hält er stand, er überlebt es auch, wenn ihn ein großer Traktor oder Lastwagen überrollt.

Standort und Aussehen

Der Breitwegerich unterscheidet sich vom Spitzwegerich durch seine breiten, eiförmigen Blätter. Diese sind ideal an seine bevorzugten Standorte angepasst. Er ist sehr zäh und gedeiht auf extrem verdichteten Böden wie Wanderwegen, stark beanspruchten Wiesen- und Rasenstellen, auf Feldwegen oder Parkplätzen. Manchmal kämpft er sich auch zwischen Pflastersteinen hervor. Die Blütenähren sind im Gegensatz zum Spitzwegerich nicht so hoch wachsend und maximal 15 Zentimeter lang. Entlang des Stängels sitzen viele kleine, runde Samen. Er schafft es, in seinem Leben bis zu 40.000 Samen zu produzieren, die in feuchtem Zustand an allem kleben bleiben, womit sie in Berührung kommen.

Sammeln und Kochen

Man verwendet die jungen, grünen Blätter in die Küche wie die Blätter des Spitzwegerichs. Wenn es die Beschaffenheit des Blattes zulässt, es also nicht allzu faserig ist, kann man den Breitwegerich das ganze Jahr hindurch verwenden. Die Samenstände sind oft in Wellensittich-Käfigen zu entdecken, wo sie den Vögeln als Nahrung dienen. Die kleinen Kügelchen schmecken leicht nussig und können, über Speisen gestreut, jedem Gericht eine spezielle Geschmacksnote verleihen.

Weinviertler und andere Weisheiten

Der dritte wild wachsende Wegerich im Weinviertel ist der Mittlere Wegerich (Plantago media L.). Seine Blätter sind nicht so länglich wie die des Spitzwegerichs und nicht so rund wie die des Breitwegerichs. Am leichtesten ist der Mittlere Wegerich während seiner Blüte zu erkennen. Er hat lila Staubfäden. Der in Europa heimische Wegerich ist aufgrund seiner wirkungsvollen Verbreitungsart inzwischen weltweit zu finden. Die klebrigen Samen können an Tier und Mensch angeheftet und somit über längere Strecken transportiert werden. Der Breitwegerich hieß bei Nordamerikas Indianern „Fußabdruck des weißen Mannes", weil er entlang der Siedlertracks über den ganzen amerikanischen Kontinent verbreitet wurde.

Mini-Quiche mit Breitwegerich

(9 Stück)

Zutaten (Teig)

200 g Mehl
100 g Butter
70 ml Wasser

Zutaten (Belag)

3 Handvoll Breitwegerich
1 EL Butter
1 Pkg. Feta oder 2 Kugeln Mozzarella
100 g Gouda
Statt Breitwegerich können auch andere Wildkräuter wie
Brennnessel, Giersch oder andere Wegeriche verwendet
werden

Zutaten (Guss)

1/8 l Milch
1/4 l Sauerrahm
3 Eier

Zubereitung

Die kalte Butter in das Mehl schneiden und abbröseln. Wasser dazugeben und zu einem glatten Teig kneten. Ca. 1/2 Std. im Kühlschrank rasten lassen.

Breitwegerich waschen, trocken schleudern und fein nudelig schneiden. Butter in der Pfanne schmelzen lassen und darin den Breitwegerich kurz anbraten.

Die Mini-Quiche-Formen gut mit Öl bepinseln. Teig ca. 3 mm dick ausrollen und mit den Formen Kreise ausstechen. Den Teig in die Formen drücken. Gouda grob reiben.

Für den Guss Sauerrahm, Milch, Eier und Gewürze versprudeln.

Nun den Feta (wer es weniger würzig wünscht, nimmt Mozzarella) gleichmäßig in die Formen bröseln. Breitwegerich und Gouda ebenfalls in den Formen verteilen. Über die Fülle den Guss in die Formen gießen. Dieser sollte den Käse und den Breitwegerich bedecken. Bei 200° C ca. 35 Min. backen.

Tipp: Fleischesser können dem Belag Schinken oder Speck hinzufügen. Die Menge ist auch ausreichend für eine große Quiche-Form.

Die Zeit der Ernte zaubert Früchte in allen Farben und Formen auf die heimischen Wildobstbäume und -sträucher. Die Früchte unseres heimischen Wildobstes sind aufgrund des hohen Vitaminanteils und vieler wichtiger sekundärer Pflanzeninhaltsstoffe ein wahrer Fitmacher für den Winter. Die guten Inhaltsstoffe und die neuen kulinarischen Geschmackserlebnisse verzeihen oft den sehr großen und mühsamen Aufwand in der Herstellung von Wildobstgerichten.

Falkenstein Weinwanderpark

Unter dem Namen „Flug des Falken" kann man im nördlichen Weinviertel in Falkenstein auf kleinen und großen Routen den traditionellen Weinort und seine Umgebung erkunden. Zwischen dem 13. und dem 18. Jahrhundert war Falkenstein Zentrum der mitteleuropäischen Weinwelt. Hier wurden Lesetermine und Qualitätskontrollen bestimmt, und bei Streitigkeiten wurde vom Falkensteiner Berggericht Recht gesprochen.

Insgesamt gibt es sieben gut beschilderte Themen-Wanderwege mit Längen von vier bis elf Kilometer. Start und Ziel aller Wege befinden sich direkt in der Ortsmitte beim Rathaus, wo man auch detailliertes Kartenmaterial erhält. Wer vorab planen möchte, findet die digitalen Karten auf der Falkenflug-Website.

Der Flug des Falkens an den Klippen des Urmeeres

Die Runde startet beim Rathaus in Falkenstein und führt durch die Kirchengasse hinauf auf den Platz vor der Kirche. Dort wählt man nicht den Weg zur Grotte, sondern biegt gleich rechts wieder ab und geht zur alten Pferdeschwemme etwas hinunter, wo auf einer Überblickskarte der Weg „An den Klippen des Urmeeres" zu finden ist.

Vor 150 Millionen Jahren waren die Kalkklippen Falkensteins Koralleninseln, die aus dem urzeitlichen Ozean herausragten. Eine dieser Klippen ist das erste Ziel der Runde: der Kreuzberg. Er befindet sich gegenüber der Kirche, und der etwas steile Weg beginnt gleich hinter der Pferdeschwemme. Man folgt dem blauen Pfeil und nimmt bei der Weggabelung nach den letzten Häusern den rechten Weg. Dieser ist bereits umwachsen von vielen Sträuchern sowie Büschen und führt über ein paar hundert Meter auf den Kreuzberg. Neben fast allen Pflanzen, die auf den folgenden Seiten beschrieben werden, findet man zwischen den Gewächsen auch hin und wieder aus Stein gehauene Kreuzweg-Darstellungen. Sie zeugen als Reste von der ursprünglich sakralen Benützung dieser Klippe.

Oben angekommen, hat man einen herrlichen Blick auf die Ortschaft. Ein Bestimmungsbuch ist hier der richtige Wanderbegleiter. Der Weg führt nun wieder hinunter in Richtung Burgruine. Auf dieser Stelle sind die meisten Schlehen der Runde zu finden.

Am Ende der Klippe, bei der eisernen Reblaus angekommen, kreuzt sich der Weg mit dem Weinlehrpfad. Wer möchte, hält sich hier rechts, um sich den Sortenweingarten anzuschauen. Wer einen Blick auf den Weg gleich gegenüber wirft, kann die Asperlbäume der Runde entdecken. Der weitere Verlauf führt jedoch bei den steinernen Fußabdrücken direkt durch die Weingärten hinauf zu einem kleinen Wäldchen. Danach führt die Route „An den Klippen des Urmeeres" weiter bis zum Stoamandl.

Hier ragt das Karstgestein, durchwachsen von Höhlen und Steinskulpturen, auf und ist durch den Zaun von oben gut erkennbar. Vielleicht erblickt die Fantasie hier Teufelssteine und andere versteinerte Figuren. Hier könnte man die Route um eine halbe Stunde abkürzen, wenn man, statt rechts abzubiegen, geradeaus dem Weg des „kleinen Falkenfluges" hinter dem Steinbruch folgt. Dieser führt über die Ruine zurück zum Ausgangspunkt. Er ist gut beschildert und hat einige nette Rast- und Picknickplätze zu bieten.
In einem Weinort wie Falkenstein darf natürlich das leibliche Wohl nicht zu kurz kommen. Daher ist ein Abschluss beim Heurigen in der Kellergasse sehr empfehlenswert.

Sambucus nigra
92

Botanischer Name: *Sambucus nigra L.*
Weinviertler Synonym: *Holla, Hollastaudn*

Hollerblüten in Sirup, in Backteig oder als schweißtreibender Tee sind im Weinviertel überall gegenwärtig, und auch die schwarzen Früchte erleben eine Renaissance.

Standort und Aussehen

Hollerstauden sind fast überall im Weinviertel anzutreffen. Sie wachsen am Waldrand, in Gärten, auf Feldwegen. Als Pionierpflanze sind sie meist die ersten Gehölze, die sich an Brachstellen entfalten. Der Holler wächst sehr schnell und liebt den Schatten. Er ist eine anspruchslose Pflanze. Frost, Salz oder Wind können ihm nichts anhaben. Er wächst strauchartig, kann jedoch auch als Baum kultiviert werden. Seine Blätter können bis zu 30 Zentimeter lang werden. Sie sind länglich und vorne zugespitzt, zerreibt man sie, verströmen sie einen unangenehmen Geruch. Im Sommer blüht der Holler in weißen tellerförmigen Scheindolden. Diese duften süßlich bis herb-aromatisch. Sie bestehen aus vielen winzigen fünfblättrigen Einzelblüten. Im Herbst reifen die Beeren, welche die Blütenernte überlebt haben, zu glänzenden dunkellila bis fast schwarzen kugeligen Beeren. Die blauen Farbstoffe im Holler (Anthocyane) verursachen hartnäckige Flecken. Anthocyane dienen der Lebensmittelindustrie als beliebte natürliche Farbstoffe. Sie schmecken bitter. Aufgrund einer geringen Menge von Blausäureglykosid sollte Holler nicht roh verzehrt werden.

Sammeln und Kochen

Im Sommer erntet man die weißen Blütenstände für Sirup und zum Herausbacken in Backteig. Bis auf die weißen Blüten ist der Hollerstrauch giftig. Daher sollte man versuchen, so wenig wie möglich von den grünen Stängeln zu essen. Bei der Herstellung von Saft oder Sirup sind die Stängel kein Problem, da diese nicht mitverarbeitet werden. Im Herbst, wenn sich die Beeren dunkellila färben, ist der Zeitpunkt der Ernte. Die reifen Beeren haben einen vollen Geschmack und vor allem eine tolle Farbkraft. Auf jeden Fall sollte man die Beeren vor der Weiterverarbeitung gut fünf Minuten leicht wallend kochen. So wird das darin enthaltene Sambunigrin aufgespalten, die freiwerdende Blausäure kann entweichen und der Holler wird genießbar. Unreife und ungekochte Früchte können Übelkeit und Erbrechen hervorrufen. Für die Marmelade ist es von Vorteil, wenn man die Beeren passiert. Am einfachsten ist es, die aufgekochten Früchte durch ein Geschirrtuch zu pressen.

Weinviertler und andere Weisheiten

Getrocknete Blüten werden als schweißtreibender Erkältungstee im Winter verwendet. Am besten auf Papier zum Trocknen auflegen und nach zwei Wochen, wenn sie fast rascheln, in Gläser geben und gut verschlossen aufbewahren. „Ringel, Ringel, Reihe, wir sind der Kinder dreie, wir sitzen unter'm Holderbusch und machen alle husch, husch, husch." Dieses alte Kinderlied wird nicht nur im Weinviertel gerne gesungen. Es zeugt von der jahrhundertelangen Beschäftigung der Menschen mit dem Holler, der schon bei unseren keltischen Vorfahren tief im alltäglichen Brauchtum verwurzelt war.

Hollerweinschaum mit Vanilleblinis

Zutaten (Hollerweinschaum)

200 g Hollerbeeren, abgerebelt
1/8 l Rotwein
1 Zimtrinde
1 EL Honig
50 g Kristallzucker
3 Dotter

Zutaten (Vanilleblinis)

125 ml Milch
1 Pkg. Trockengerm (7 g)
225 g Mehl
2 Eier
3 Eiklar
70 g Zucker
Mark einer Vanilleschote

Zubereitung

Beeren und Rotwein aufkochen, die Zimtrinde dazugeben und ca. 5 Min. leicht köcheln lassen. Die Zimtrinde wieder herausnehmen und das Beeren-Rotwein-Gemisch mit einem Pürierstab pürieren. Anschließend durch ein Sieb abseihen. Nach Bedarf mit etwas Honig abschmecken. Der Saft darf nicht zu süß sein. Die noch warme Masse auskühlen lassen.

Für die Blinis Germ in warmer Milch auflösen, Mehl, 60 g Zucker, 2 Dotter und das Vanillemark dazugeben und zu einem glatten Teig verrühren. Das Eiweiß schaumig schlagen und mit dem restlichen Zucker steif ausschlagen. Eischnee vorsichtig unter die Masse heben. Den Teig an einem warmen Ort 25 Min. gehen lassen. In einer Pfanne etwas Öl erhitzen und esslöffelgroße Teigtupfer ins Fett setzen. Diese auf beiden Seiten braun anbraten und bis zum Servieren ins Backrohr (120° C) stellen.

Für den Weinschaum Dotter, Zucker und 1/8 l der Holler-Wein-Mischung verrühren. Masse über Wasserdampf schaumig schlagen. Achtung: Die Eimasse sollte nicht zu heiß werden. Der Weinschaum ist fertig, wenn sich die Hollermasse verdoppelt hat und eine schaumige Konsistenz aufweist, sodass man beim Umrühren eine Spur ziehen kann. Mit Blinis noch warm servieren.

Juglans regia

Botanischer Name: *Juglans regia L.*
Weinviertler Synonym: *Nuss*

Im Weinviertel ist das Knacken der Nüsse oftmals klassische „Großelternarbeit". Jeder, der auf diesen hilfreichen Dienst zurückgreifen kann, darf sich freuen.

Standort und Aussehen

Man sagt, die Walnuss benötige das gleiche Klima wie der Wein. Da die Nussbäume im Weinviertel prächtig gedeihen, würde dieses Gebiet auch ein gutes Walnussviertel darstellen. Die Bäume sind nicht nur in Gärten, sondern auch an Straßen zu finden. Vereinzelt stehen sie auch in den Weingärten. Mit einer Höhe von bis zu 30 Metern stellen Nussbäume sehr stattliche Gewächse dar. Die Krone ist eher regelmäßig und sehr breit. Der Stamm hat eine silbrige Rinde, die Blätter sind dunkelgrün und verrotten sehr schwer. Daher sollte man Nusslaub immer aus Rasenflächen entfernen. Die Nüsse sind botanisch gesehen Steinfrüchte wie etwa die Pfirsiche. Die Nuss ist von einer dicken grünen Fruchtfleischhülle umgeben. Diese öffnet sich, wenn die Nüsse reif sind oder zu Boden fallen. Die harte Schale, die den Fruchtkern umgibt, muss geknackt werden, um zur Nuss zu gelangen, die zweihälftig und unregelmäßig ist. Manche Walnusssorten wie etwa die Steinnuss lassen sich oft sehr schlecht aus der Schale lösen. Dies sollte man bedenken, wenn man plant, einen Walnussbaum in seinem Garten zu pflanzen. Im Sommer lassen sich die grünen Nüsse in Schnaps einlegen. Sie können im unreifen Zustand verwendet werden, so lange die grüne Hülle noch weich ist. Der daraus gewonnene Nusslikör ist ein wunderbarer Magenschnaps. Im Weinviertel gibt es viele verschiedene Rezepte, und jeder hat sein persönliches Lieblingsgeheimrezept.

Sammeln und Kochen

Im Herbst werden die eigentlichen Walnüsse gesammelt. Im Weinviertel geht man noch oft vielerorts „Nuss bossen". Hierbei werden die Nüsse mit langen Stangen von den Bäumen geschlagen. Bei den frisch geernteten Nüssen sollte man vor dem Verzehr die weiß-gelbe Haut von den Nüssen lösen, denn diese ist im frischen Zustand leicht bitter. Daher werden die Nüsse nach der Ernte getrocknet. Dadurch wird die Haut braun und trägt auch zum charakteristischen Nussgeschmack bei. Getrocknete Nüsse halten sich lange und sind in ganzer oder geriebener Form nicht aus der Weinviertler Mehlspeisküche wegzudenken.

Weinviertler und andere Weisheiten

Oft werden Nussbäume als Hausbäume in den Höfen von Weinviertler Häusern gepflanzt. Man sagt, dass Gelsen den Geruch der Nussblätter nicht wollen und es daher angenehm ist, im Sommer unter einem großen schattigen Nussbaum zu sitzen.

Nuss-Zwetschkentörtchen

(für 6 Törtchen mit 8 cm Durchmesser)

Zutaten (Teig)

4 Eier
65 g Zucker
35 g Sonnenblumenöl
1 Prise Salz
80 g Mehl
1 TL Backpulver
6 EL geriebene Nüsse

Zutaten (Cremeschicht)

18 Zwetschken
2 EL Zwetschkenschnaps
150 ml Schlagobers
1 TL Vanillezucker
1 Prise Nelke, gemahlen
2 Prisen Zimt, gemahlen
3 Blätter Gelatine (weiß)

Zutaten (Nusskrokant)

1 Handvoll Nüsse
3 EL Zucker

Zubereitung

In einer Schüssel Eier mit Zucker und etwas Salz aufschlagen, bis die Masse fast weiß und sehr luftig ist. Danach unter ständigem Rühren Öl einfließen lassen. Mehl mit Backpulver vermischen und gemahlene Nüsse dazugeben, dann die Eimasse unterheben. Backblech mit Backpapier belegen und die Teigmasse gleichmäßig in der Mitte verteilen. Im vorgeheizten Backofen bei 200° C den Teig 12 Min. backen. Herausnehmen und auskühlen lassen.

Für die Creme Gelatine in kaltem Wasser einweichen. 9 Zwetschken entkernen und zu einem Mus pürieren. Die anderen Zwetschken ebenfalls entkernen und vierteln. In das Zwetschkenpüree Zucker und Gewürze einrühren. Obers steif schlagen. Zwetschkenschnaps in einem Topf erwärmen und die ausgedruckten Gelatineblätter unter ständigem Rühren schmelzen lassen. Die flüssige Gelatine in das Zwetschkenmus einrühren und das Schlagobers unterheben.

Aus dem Teig mit einem Servierring 4 Kreise ausstechen. Diese auf die Servierringe verteilen und bis zum Boden hinunterdrücken. Die Zwetschkenviertel gleichmäßig in den Servierringen verteilen. Darauf die Obersmasse verteilen und im Kühlschrank mindestens 2 Std. fest werden lassen.

Für den Nusskrokant Zucker in einer Pfanne flüssig werden lassen, danach die Hitze drosseln, die Nüsse dazugeben und karamellisieren lassen. Achtung: Die Nüsse können rasch dunkel werden.

Auf Backpapier auskühlen lassen. Vor dem Servieren den Krokant nochmals mithilfe eines Messers zerkleinern. Die Törtchen auf Teller setzen und mit Nusskrokant bestreuen.

100

(Hunds-Rose) Die Blume der Liebe, egal ob Wild-, Hecken- oder englische Duftrosen. Alle Rosen können nicht nur verschenkt, sondern auch verzehrt werden, sofern man sich der naturbelassenen Behandlung sicher ist.

Standort und Aussehen

Die Hunds-Rose, unsere häufigste Wildrose, wächst meist an Wald- und Wegrändern, im Laubwald, in Hecken und Gebüschen. Sie bevorzugt warme und lichte Böschungen mit nicht allzu feuchten Lehmböden. Auf Standorten, wo er alleine steht, kann dieser Strauch bis zu drei Meter hoch werden, wobei dies eher selten der Fall ist. Ältere Exemplare haben meist überhängende Zweige. An ihren Ästen sitzen stark nach hinten gebogene Stacheln. Im Mai blüht die Hunds-Rose weiß bis hellrosa. Ihre Blüten weisen fünf Kronblätter auf. Leider sucht man bei den meisten Wildrosen den wunderbaren intensiven Rosenduft vergebens. Aus den Blüten entstehen im Herbst die blutroten Früchte. Diese Hagebutten sind eiförmig und tragen am Ende ein dunkles Köpfchen. Im Inneren der Scheinfrucht befinden sich die mit Härchen versehenen eigentlichen Früchte.

Sammeln und Kochen

Der Spätherbst ist Erntezeit. Man sollte sich der Stachel wegen mit dicken Handschuhen ausstatten, die idealerweise keine Fingerspitzen haben. So hat man ein besseres Pflückgefühl. Der Sammelzeitpunkt ist dann ideal, wenn die Hagebutten bereits weich sind, aber noch nicht zusammengetrocknet. Oft liegt man dann im Wettstreit mit den Vögeln, die es ebenfalls auf die reifen Früchte abgesehen haben. Hat man ausreichend weiche Früchte gesammelt, kocht man diese mit etwas Flüssigkeit weich. Hierzu verwendet man am besten Apfelsaft, der den Charakter der Hagebutte nicht mindert. Den entstehenden Brei passiert man durch eine möglichst feinporige Einlage der Flotten Lotte oder presst ihn durch eine Schneckenpresse. Je feiner das Sieb, desto weniger lästige Härchen sind im Hagebuttenmark zu finden. Das angenehm säuerliche Mus ist Ausgangsprodukt für Marmeladen, Gelees, Nachspeisen und kann auch zu Wild und gebratenem Geflügel serviert werden. Getrocknete Hagebutten ergeben einen angenehmen Früchtetee, jedoch ist dieser ohne Zugabe von färbenden Blüten wie Malve oder Hibiskus nicht sehr farbintensiv.

Weinviertler und andere Weisheiten

Alle Hetscherl der diversen Zuchtrosen oder anderer Wildrosen wie etwa die der Apfel- oder Kartoffelrose lassen sich auf dieselbe Art wie die der Hunds-Rose verwenden. Rosen sind auch dekorativer Bestandteil der Blütenküche. Neben Duft und Aroma ist es ratsam, die Blüten vor der Verwendung zu kosten. Die geschmackliche Breite liegt zwischen leicht-süßlich bis herb-bitter. Rosen jeder Art sind aufgrund ihrer Farbenpracht eine willkommene Abwechslung in der Küche, vom Sirup bis zur Salatbeigabe. Viele Weinviertler erinnern sich noch an die Zeiten, wo die lästigen Härchen der Hagebutte von den Kindern als Juckpulver verwendet wurden. Oder an die Zeiten, wo „Ein Männlein steht im Walde ganz still und stumm" gesungen wurde. Die Beschreibung des Männleins passt eigentlich mehr zu einem Fliegenpilz. Der Dichter Hoffmann von Fallersleben hat jedoch in diesem Text die roten Früchte der Hagebutte beschrieben.

Rehrückenfilet
in der Hagebuttenhülle

Zutaten
400 g Rehrückenfilet
3 Wacholderbeeren
3 EL Sonnenblumenöl
200 g Hagebuttenmark
200 ml Milch
1 Zwiebel
45 g Butter
250 g Semmelwürfel
3 Eier
40 g Mehl universal
2 EL Wildkräuter (etwa Giersch), fein geschnitten
Salz, Pfeffer

Zutaten (Kohlsprossen)
400 g Kohlsprossen
Butter
Salz und Pfeffer

Zubereitung
Zwiebel fein schneiden und in Butter leicht anrösten. Semmelwürfel in eine große Schüssel geben und die Zwiebel darüber verteilen. Giersch, Eier, Hagebuttenmark sowie Milch verrühren und ebenfalls über die Semmelwürfel verteilen. Wacholderbeeren zerdrücken, fein hacken mit Salz sowie Pfeffer mischen. Rehrückenfilet damit rundherum einreiben. Sonnenblumenöl in einer Pfanne erhitzen und das Fleisch darin scharf auf allen Seiten anbraten, aus der Pfanne nehmen und kurz überkühlen lassen.
Butter schmelzen und über die Semmelwürfelmasse gießen. Danach die Masse gut durchrühren. Wenn die Semmelwürfel die gesamte Flüssigkeit angesaugt haben, Mehl darüber verteilen und noch einmal gut durchmischen. Frischhaltefolie auflegen. Darauf die Semmelmasse verstreichen. Fleisch am unteren Ende auflegen und mithilfe der Folie einrollen, sodass das gesamte Filet mit der Semmelmasse umgeben ist und die Rolle in Frischhaltefolie eingewickelt ist. Dann die Folienenden verknoten. Nun in einem großen Topf Wasser zum Kochen bringen und die Rehrollen 15 Min. leicht kochen lassen. Danach Fleisch herausnehmen und kurz rasten lassen.

Die Kohlsprossen putzen, in kochendem Wasser kurz knackig garen und anschließend kurz in etwas Butter schwenken. Mit Salz und Pfeffer würzen. Filet aus der Folie nehmen, in Scheiben schneiden und mit Kohlsprossen anrichten.
Tipp: Dazu kann man Wildkräutersalat und Birnenhälften mit Hagebuttenmarmelade servieren.

Cydonia oblonga

Diese Frucht sieht auf den ersten Blick wie ein Apfel oder eine Birne aus. Versucht man dann hineinzubeißen, ist man sich schnell bewusst, dass es sich um eine andere Obstart handeln muss.

Standort und Aussehen

Der Quittenbaum wird zwischen drei und acht Meter hoch. Seine Wuchsform gleicht der von Apfel- und Birnenbäumen, mit denen er auch eng verwandt ist. Es kann bis zu acht Jahre dauern, bis man die ersten Quitten ernten kann. Aus den Blüten der Quitte entwickeln sich bis Oktober/November die Quittenfrüchte. Die wollige Oberfläche der Früchte unterscheidet diese rein optisch von Äpfeln oder Birnen.

Sammeln und Kochen

Die Quitte ist eine Wildpflanze, die nur in zweiter Linie als Heilpflanze genutzt wurde. In erster Linie war sie ein Nahrungsmittel. Auch wenn die Früchte reif sind, sind sie so hart, dass man sie roh nicht essen kann. Daher muss man sie vor der Verwendung in etwas Flüssigkeit kochen oder im Backrohr weichgaren. Man sollte Quitten möglichst reif ernten. Sind sie noch grün, reifen sie zwar nach, behalten aber ihren unreifen Geschmack. Erntet man sie überreif, wird das Fruchtfleisch schnell braun. Ist der Erntezeitpunkt ideal, können sie bis zu zwei Monate problemlos gelagert werden. Vor der Verwendung sollte man den Flaum von den Früchten wischen, da dieser Bitterstoffe enthält. Quitten weisen einen hohen Anteil an Pektin auf, das in früheren Jahrzehnten als natürliches Geliermittel genutzt wurde. Dieser reduziert sich, je länger man die Frucht lagert. Man sollte daher die Früchte möglichst rasch verarbeiten. Neben Marmeladen, Gelees und Fruchtgummi (Quittenkäse) lässt sich die Quitte als Dessert und als Beilage zum Wild sehr gut verarbeiten.

Weinviertler und andere Weisheiten

Süßigkeiten waren vor den Weltkriegen im Weinviertel sehr rar. Doch es gab einige Früchte wie die Quitte, aus der man herrliche und auch länger haltbare süße Köstlichkeiten zubereiten konnte. Quittenkäsewürferl waren das, was heute die „Gummibärchen" für Kinder sind. Nur wenn der Quittenkäse sehr gut versteckt war, gab es eine reelle Chance, auch noch zu Weihnachten von der Leckerei naschen zu können.

Verkehrte Quittentorte

(für Tarte- oder Quicheform mit 27 cm Durchmesser)

Zutaten (Teig)

200 g glattes Mehl
200 g Topfen
200 g Butter
1 TL Backpulver
1 Prise Salz

Zubereitung

Mehl, Backpulver und Salz vermischen, die kalte Butter dazureiben und mit dem Topfen zu einem geschmeidigen Teig verkneten. Teig mit Klarsichtfolie umwickeln und mindestens 1/2 Std. im Kühlschrank rasten lassen.

Zutaten (Belag)

100 g Zucker
60 g Butter
3 Quitten
1 Prise Zimt, gemahlen
60 ml Wasser

Zubereitung

Zucker schmelzen, bis er beginnt, leicht goldgelb zu werden. Dann 60 ml Wasser sowie die Butter dazugeben und rühren, bis sich der Zucker aufgelöst hat. Die Quitten schälen, entkernen, in Spalten schneiden und in die Zuckermasse geben. Den Zimt darüberstreuen und die Früchte bissfest dünsten. Quitten leicht überkühlen lassen.

Den Teig auf einer bemehlten Fläche etwas größer als die Tarteform auswalken. Die vorgegarten Quittenstücke in die Form legen und das übrige Karamell darübergießen. Den ausgewalkten Teig darauflegen. An allen Seiten die Ränder nach unten drücken und mit einer Gabel mehrmals den Teig einstechen. Die Torte im vorgeheizten Backofen bei 180° C 25–30 Min. hellbraun backen. Form aus dem Ofen nehmen. Kurz überkühlen lassen. Eine Tortenplatte auf die Form legen und die Torte stürzen. Die Quittentorte kann kalt oder noch warm serviert werden.

Tipp: Vanilleeis passt auf jeden Fall ausgezeichnet dazu.

Botanischer Name: *Sanguisorba minor Scop.*
Weinviertler Synonym: –

Kleiner Wiesenknopf

Auf der Falkensteinroute am Weg hinauf zum Gipfel des Kreuzberges kann man ihn nicht übersehen. Er gedeiht hier prächtig zwischen dem Kalkgestein und den Kreuzwegfiguren.

Standort und Aussehen

Er wächst zerstreut auf trockenen Wiesen, an Wegen und Böschungen und bevorzugt kalkhaltige, durchlässige Standorte, welche sonnig bis halbschattig sein können. Seine Blätter weisen eine blaugrüne Farbe auf. Sie sind grob gezähnt, rundlich und sitzen in zwei bis sechs Paaren auf der Mittelrippe des Blattes. Von April bis Juni kann man seine grün-rötlichen Blütenköpfe entdecken. Diese runden, knopfartigen Blütenstände geben der Pflanze ihren Namen. Der große Bruder, der Große Wiesenknopf (Sanguisorba officinalis), kann auf die gleiche Art verwendet werden.

Sammeln und Kochen

Die Blätter können bis zum ersten Schnee gesammelt werden. Solange sie noch schön weich sind, kann man den Kleinen Wiesenknopf als Würzkraut verwenden. Wichtig ist, dass man die kleinen Blätter von der Mittelrippe abstreicht, bevor man sie verkocht. Die Blätter riechen und schmecken leicht nach Gurke, sind etwas herb, aber nicht allzu bitter. Manchmal haben sie eine angenehm nussige Note. Vorzugsweise gibt man sie fein geschnitten in Joghurt-Marinaden für Salate. Mit dem Kleinen Wiesenknopf verfeinert man vorzugsweise Gurkensalat, aber auch Eispeisen, Fisch und Saucen. Im Aufstrich und in der Kräuterbutter ist er ebenfalls hervorragend zu verwenden.

Weinviertler und andere Weisheiten

Seit dem 16. Jahrhundert wird der Kleine Wiesenknopf auch als Salat und Suppenkraut in den Gärten kultiviert. Heute kann man ihn in Gärtnereien oftmals unter dem Namen Bibernelle oder Pimpinelle finden. Diese Namensgebung ist etwas verwirrend, denn die Große und Kleine Pimpinelle sind als Doldenblütler eng mit Pastinak verwandt und haben mit dem Wiesenknopf nichts Gemeinsames.

Gemüselasagne mit kleinem Wiesenknopf

Zutaten

2 Gelbe Rüben
1 kleine gelbe Zucchini
1 Pastinake
1 Stange Lauch
350 g passierte Paradeiser
2 Handvoll kleiner Wiesenknopf
4 EL Olivenöl
Salz
2 EL Butter
3 EL Mehl
400 ml Milch
Salz, Pfeffer, Muskatnuss
250 g Lasagne-Nudelplatten
2 Kugeln Mozzarella (250 g)
100 g frisch geriebener Parmesan
Olivenöl zum Beträufeln

Zubereitung

Das Gemüse waschen. Die Gelben Rüben und die Pastinake schälen und in Scheiben oder Würfel schneiden. Ebenso die Zucchini schneiden. Den Lauch in Streifen schneiden. Das Olivenöl im Topf erhitzen und geschnittenes Gemüse darin ein paar Minuten andünsten. Dann die Paradeiser darübergießen und kurz aufkochen lassen. Die Wiesenknopfblätter von den Stängeln zupfen, fein schneiden und zum Gemüse geben. Mit Salz sowie Pfeffer würzen und auf kleiner Flamme weiter köcheln lassen.

Inzwischen für die Béchamel die Butter in einem Topf zerlaufen lassen. Mehl einstreuen und unter Rühren bei mittlerer Hitze goldgelb bräunen. Jetzt den Schneebesen nehmen und kräftig rühren, dabei nach und nach die Milch dazugießen. Die Hitze klein stellen und die Sauce köcheln lassen, bis sie dicklich wird. Dann erst mit Salz, Pfeffer und Muskatnuss abschmecken.

Mozzarella in dünne Scheiben schneiden. Die Nudelplatten in kaltem Wasser einweichen. In eine große Auflaufform wie folgt schichten: Béchamel, Nudelplatten, Gemüse, Mozzarella, Parmesan, Béchamel. So lange wiederholen, bis alle Zutaten in der Form sind und noch ein bisschen Béchamel und Parmesan übrig sind. Diese kommen ganz oben darauf. Lasagne mit etwas Olivenöl beträufeln und im vorgeheiztem Backofen bei 180° C ungefähr 45 Minuten backen, bis sie schön braun ist.

Crataegus laevigata

Botanischer Name: : *Crataegus monogyna Jacq., Crataegus laevigata (Poir.) DC.*
Weinviertler Synonym: *Mehl- oder Möhbearn*

(Ein- oder Zweigriffeliger Weißdorn) Der Weißdorn ist im Weinviertel als klassisches Herzmittel in Verwendung. Vielerorts wird er als ausgleichender Herztee getrunken und soll nicht nur bei physischen Beschwerden helfen.

Standort und Aussehen

Beide Arten sind im Weinviertel vertreten, wobei der licht- und wärmeliebende Eingriffelige Weißdorn häufiger anzutreffen ist. Sicher kann man sie anhand der Früchte unterscheiden, diese haben einen oder zwei Kerne. Manchmal kreuzen sie sich, was die Bestimmung nicht einfacher macht. Für die Verwendung ist die Unterscheidung jedoch nicht von Bedeutung. Der Weißdorn ist meist ein großer Strauch oder ein kleiner Baum und kann bis zu zehn Meter hoch wachsen. Wie in Falkenstein ist er im gesamten Weinviertel in Hecken entlang von Wegen oder auch Windschutzgürteln zu finden. Er ist aufgrund seiner markanten Blätter sehr einfach zu erkennen. An den Zweigen befinden sich lange, spitze Dornen. Die Weißdornblüten sind wunderschön anzuschauen, jedoch ist der Duft der kleinen weißen Blüten etwas gewöhnungsbedürftig. Im Herbst können die kleinen roten „Beeren" geerntet werden. Diese sehen aus wie kleine Apfelfrüchte und zählen damit zum Kernobst.

Sammeln und Kochen

Für den herzstärkenden Tee sammelt man die Blätter, die Blüten und die Früchte. In der Küche finden eher die roten Beeren Verwendung. Man könnte sie in Schnaps einlegen. Wegen seines hohen Pektingehalts wurde Weißdorn schon seit jeher zum Einkochen verwendet. Es empfiehlt sich, die mehligen Früchte in Kombination mit aromatischen Früchten zu verarbeiten. Ideal dafür eignen sich Äpfel oder Birnen. Man erntet die roten Früchte bis in den November hinein, sofern die Vögelkonkurrenz noch nicht zugeschlagen hat. Vor der Verwendung wird das rote Sammelgut entstielt und in etwas Flüssigkeit weichgekocht. Es kann anfänglich ein unangenehmer Geruch auftreten, der sich bald verflüchtigt. Nachdem die Früchte weich gekocht sind, werden sie püriert. Wer es besonders fein haben möchte, kann die gekochte Weißdornmasse passieren und wird dann mit einem knallroten Fruchtmus belohnt. Für Marmeladen lohnt es sich, Mischungen mit Apfel oder Birnen zu verwenden.

Weinviertler und andere Weisheiten

Oft wird Weißdorn als Unterlage für Birnen, Äpfel oder auch Quittenbäume verwendet. Der Weißdorn kann mehrere 100 Jahre alt werden. Sein Holz ist sehr beliebt für Werkzeugstiele. Die alte Bezeichnung „Hagedorn" stammt von dem althochdeutschen Wort „Hag" ab, was so viel wie „Einfriedung" bedeutet. Früher waren Siedlungen mit lebendigen Zäunen umgeben, in denen sicherlich auch Weißdornsträucher zu finden waren. Diese boten dank ihrer Dornen Schutz vor wilden Tieren, aber auch vor bösen Geistern. Ebenfalls verwandt mit dem Wort „Hag" ist „Hagezussa", die Urform von „Hexe". Die heutige Übersetzung könnte „Zaunreiterin" lauten. So wurden Frauen bezeichnet, die sich über den schützenden Hag in den dunklen, gefährlichen Wald gewagt haben.

Weißdornweckerl

Zutaten

1/2 kg Weißdornbeeren
300–400 ml Orangensaft
500 g Roggenvollkornmehl
500 g Weizenvollkornmehl
Wasser
1 EL Salz
40 g Germ
3 EL Zucker oder Honig

Zubereitung

Weißdornbeeren verlesen und die Stängel entfernen. Die Beeren in einen Topf geben, darüber Orangensaft gießen. Dieser sollte die Beeren nicht ganz bedecken. Dann die Beeren kurz aufkochen, bis sie ganz weich und leicht zu zerdrücken sind. Die gesamte Masse wird durch ein feines Sieb passiert oder durch die Flotte Lotte gedreht. Man erhält rund 500 g Weißdornmus. Nun Mehl mit Mus, Salz und rund 250 ml lauwarmem Wasser vermischen. Eine kleine Mulde machen und Germ mit Zucker und etwas lauwarmem Wasser hineingeben. An einem warmen Ort rasten lassen, bis sich Bläschen bilden. Nun den Teig gut durchkneten. Bei Bedarf noch Wasser hinzufügen und erneut gut durchkneten. Danach eine weitere 1/2 Stunde rasten lassen. Anschließend Weckerl formen und bei 200° C ca. 30 Min. backen. Durch das Mus bleibt das Brot saftig und passt gut zu Marmelade, aber auch zu Aufstrichen.

Botanischer Name: *Sorbus aucuparia L.*
Weinviertler Synonym: *Vogelbeerbaum*

(Gewöhnliche Eberesche) Die Früchte der Eberesche, auch Vogelbeere genannt, sind im Weinviertel seit jeher für die Schnapserzeugung verwendet worden.

Standort und Aussehen

Die Eberesche wächst im Weinviertel meist als Baum, kann aber auch in Form von Büschen vorkommen und bis zu 15 Meter hoch werden. In natürlichen Waldgesellschaften bevorzugt sie die kühleren, höheren Lagen, gepflanzt nimmt sie es auch mit dem Weinviertel auf und ist hier meist in Wäldern, Gärten und an Wegrändern anzutreffen. In Falkenstein findet man sie etwa rund um den unteren Parkplatz vor der Ruine. Die Eberesche ist sehr anspruchslos, was die Bodenbeschaffenheit betrifft. Dies und die Verbreitung der Samen über die Vögel sind die Gründe dafür, dass man sie auch auf kargen Plätzen wie Dächern oder in Mauerritzen finden kann. Die Blätter sind gefiedert, die Fiederblättchen haben einen gezähnten Rand. Sie sind auf der Oberseite dunkelgrün und auf der Unterseite graugrün. Die Wuchsform des Baumes ist schlank, kegelförmig und wird später etwas breitkroniger. Die weißen Blüten kann man Ende Mai entdecken. Im Herbst trägt sie Scheindolden mit orangen apfelformähnlichen Beeren.

Sammeln und Kochen

Die verschiedensten Sorten der Vogelbeerbäume sind alle essbar, jedoch schmecken sie aufgrund des Inhaltsstoffes Parasorbinsäure sehr bitter. Diese Säure kann den Margen-Darm-Trakt reizen. Das ist der Grund, warum man Vogelbeere nicht in großen Mengen roh genießen sollte. Beim Kochen wird dieser Stoff inaktiv. Die Vogelbeeren können für Schnaps eingemaischt werden, oder man legt die Früchte in fertigen Schnaps ein. Für Marmeladen und Gelees empfiehlt sich die Beimengung von Äpfeln oder Birnen, um den Geschmack etwas abzurunden. Im Chutney oder als Kompott eingelegt sind Vogelbeeren eine hervorragende Beilage für Wildgerichte.

Weinviertler und andere Weisheiten

Oftmals findet sich im Weinviertel auch die Mährische Eberesche (Sorbus aucuparia var. Edulis). Diese hat größere Beeren, die weniger Bitterstoffe aufweisen als die Wildform. Vogelbeeren sind voller Vitamine und Energie, diese Inhaltsstoffe benötigen heimische Vögel, um über den Winter zu kommen. Bekannte Verwandte der Eberesche sind die Mehlbeere, die Elsbeere oder der Speierling. Alle Früchte dieser Pflanzen lassen sich mit mehr oder weniger Aufwand zu schmackhaften Delikatessen verwandeln.

Hendl vom Blech
mit Vogelbeeren und Kürbis

Zutaten (Huhn)

5 Dolden Vogelbeeren
3 EL Zucker
8 Hendlkeulen (Unterkeulen)
4 kleine Zwiebeln
1 Hokkaidokürbis

Zutaten (Marinade)

1/2 Zitrone (Saft)
2 EL Sojasauce
4 EL Rapsöl
Salz, Pfeffer
2 EL Honig
1 EL. Ketchup
2 Knoblauchzehen, gepresst

Zubereitung

Die gewaschenen Vogelbeeren von den Dolden zupfen und in einen kleinen Topf geben. Die Beeren mit Wasser bedecken und 3 EL Zucker dazugeben. Nun die Beeren aufkochen lassen und weitere 15 Min. bei mäßiger Hitze weiter kochen. Danach abseihen.
Hendlkeulen waschen und trockentupfen. Den Kürbis halbieren und entkernen, anschließend in 2 cm breite Spalten schneiden. Die Hokkaidokürbisse können, müssen aber nicht geschält werden. Die Zwiebeln schälen und ebenfalls vierteln.
Für die Marinade alle Zutaten in einer Schüssel vermischen und abschmecken.
Hühnerkeulen, Zwiebeln, Kürbis und Vogelbeeren in eine große Bratpfanne oder Auflaufform geben und die Marinade darüber verteilen. Alles gut durchmischen. Im vorgeheizten Backofen bei 180° C 40 Min. backen. Nach der Hälfte der Backzeit aus dem Rohr nehmen und alles nochmals gut durchmischen.

Prunus spinosa

Schlehenlikör als Magenmedizin ist nicht nur ein gutes Weinviertler Hausmittel, es ist auch ein hervorragendes Genussmittel. So kann man Nützliches mit Genüsslichem verbinden.

Standort und Aussehen

Der Strauch hat zahlreiche dünne Äste sowie Zweige und besitzt auch sehr lange Dornen. Er wird auch Schwarzdorn genannt, dieser Name leitet sich von der fast schwarzen Farbe der nassen Borke ab. Schlehen blühen im April, noch bevor sie Blätter haben. Sie gehören zu den ersten Frühlingsboten in den Hecken, die die Weingärten umgeben. Im Herbst tragen sie blauschwarze Beeren, von denen meist mehrere zusammen in der Nähe des Stiels sitzen. Sie ähneln kugeligen, ein Zentimeter großen Mini-Zwetschken und haben dieselbe blau-weiße Beschichtung wie die Hauszwetschken. Die Beeren kann man, auch nachdem die Blätter abgefallen sind, den ganzen Winter hindurch an den Sträuchern finden.

Sammeln und Kochen

Der bittere Geschmack der Beeren lässt nach, wenn sie die physiologische Vollreife erreicht haben. Diese tritt oft sehr spät im Jahr ein und liegt im Weinviertel meist nach den ersten Frosttagen. Die Vollreife bewirkt das Erweichen der Beeren, eine Verringerung der Bitterstoffe und Zunahme des Zuckergehalts. Zum Zeitpunkt der Vollreife haben die Beeren den intensivsten Geschmack, somit ist dies der ideale Sammelzeitpunkt. Leider löst sich das Fruchtfleisch sehr schlecht vom Kern, daher ist die Verarbeitung aufwendig. Die Früchte werden neben dem klassischen Likör auch für Marmeladen und Gelees verwendet, die dann in der Dessertküche ihren Platz finden. Sollte die Sammelmenge nicht ausreichen, lassen sich Schlehen sehr gut mit Zwetschken mischen. Die Zwetschke ist nicht nur mit der Schlehe verwandt, sie ist im Geschmack nicht dominant, und somit bleibt der intensive Schlehengeschmack gut erhalten.

Weinviertler und andere Weisheiten

Im Weinviertel sagt man: Wer die ersten drei reifen Schlehen, die er im Herbst sieht, isst, bleibt ein Jahr lang gesund. Mit großer Wahrscheinlichkeit schafft es die gerbsäurehältige Steinfrucht, jeden Mund „zusammenzuziehen". Dieser Ratschlag ist wahrscheinlich auf die positiven Inhaltsstoffe der Schlehe zurückzuführen. Auch wenn die Behauptung etwas gewagt ist, ein Versuch kann nicht schaden.

Schlehenmarmelade

Zutaten
1,2 kg Schlehen
1/2 kg Gelierzucker (2:1)
1 Stück Vanilleschote (Mark)
500 ml Wasser

Zubereitung
Die reifen Schlehen waschen und mit dem Wasser so lange kochen, bis sie weich sind und zerfallen. Danach noch heiß durch ein feines Sieb passieren. Das Schlehenmus mit dem Vanillemark vermischen. Sollte die Menge unter 1 Kilo liegen, kann man mit Zwetschkenmus die Differenz ausgleichen. Diese Masse mit dem Gelierzucker vermischen und unter ständigem Rühren aufkochen lassen, danach ca. 5 Min. köcheln lassen, in saubere Gläser füllen und diese sofort verschließen.

Schlehentörtchen
(für 12 Törtchen)

Zutaten
125 g Zucker
125 g Butter
3 Eier
1 TL Vanillezucker
125 g Mehl
1/2 TL Backpulver
12 TL Schlehenmarmelade

Zubereitung
Zucker, Vanillezucker und Butter cremig schlagen, bis die Masse hell ist. Dann nacheinander die Eier dazugeben und ausreichend weiter schlagen, bis die Masse flaumig ist. Anschließend das Mehl mit Backpulver vermischen und unter die Teigmasse rühren. Eine Muffins-Form mit Papierförmchen auslegen und den Teig gleichmäßig darin verteilen. Nun je 1 TL Schlehenmarmelade in die Mitte eines jeden Törtchens geben. Im vorgeheizten Backofen bei 180° C 20 Min. goldgelb backen. Mit Staubzucker bestreuen und eventuell mit Vanille-Crème-fraîche servieren.

Botanischer Name: *Mespilus germanica L.*
Weinviertler Synonym: Aschpal

Diese Wildfrucht, die auch Mispel genannt wird, ist nicht allzu oft im Weinviertel zu finden, obwohl sie sehr für das Klima dieses Gebiets geeignet wäre.

Standort und Aussehen

Diese Wildfrucht hat nur geringe Standortansprüche, bei guten Bedingungen kann sie sehr alt werden. In Falkenstein findet man drei Exemplare, nicht unweit der Stelle, wo sich der Abstieg vom Kreuzberg mit dem Weinwanderweg kreuzt. Die Wuchsform kann ein Baum oder auch ein robuster, ausladender Strauch mit kräftigen Hauptästen sein. Asperl blühen sehr spät, meist nach den Eisheiligen. Daher ist die Gefahr von Frostschäden für die großen strahlend-weißen Blüten eher sehr gering. Im Herbst bilden sich die bis zu fünf Zentimeter großen apfelförmigen Früchte mit fünf sehr markanten, bleibenden, langen Kelchzipfeln. Wenn die Früchte reif werden, verfärben sie sich von gelb-grünlich auf rostbraun.

Sammeln und Kochen

Die Früchte werden erst sehr spät reif und können bis in den Dezember hinein geerntet werden. Sie werden durch Frost oder durch lange Lagerung weich und teigig. Die Reife mildert die Gerbsäure und macht die pektinhaltigen Früchte angenehm süß-säuerlich. Reife Mispeln haben dunkelbraunes, cremiges Fruchtfleisch und zwei bis drei Kerne. Die Schale lässt sich ganz leicht abziehen. Man kann die Früchte auch roh essen, meist werden sie für Schnaps, Likör, Marmelade, Kompott und auch Kuchen verwendet. Für die Verwendung löst man das Fruchtfleisch aus der Schale, dünstet es mit ein wenig Wasser und streicht es anschließend durch ein Sieb, um die Kerne zu entfernen. Das daraus gewonnene Mus bildet die Grundlage für viele weiteren Asperlrezepte. Wer sich das Schälen und Passieren ersparen möchte, entfernt die Stiel- und Kelchansätze und gibt die Früchte in den Dampfgarer. Mit dem Saft kann man ein Asperlgelee herstellen.

Weinviertler und andere Weisheiten

Asperl werden in Deutschland Mispeln genannt. Heutzutage ist dieses Winterobst sehr wenig bekannt. Im Mittelalter war die Mispel in Süd- und Mitteleuropa sehr verbreitet. Ursprünglich wurde der Obstbaum durch die Römer ins südliche Niederösterreich gebracht, und von dort sind Asperl wahrscheinlich von Mönchen der Klöster und Stifte weiter im Land verteilt worden.

Asperlconfit auf Wildkräuterpofesen
mit Ziegenkäse

Zutaten (Asperlconfit)

1 kg Mispeln
50 g Zucker
4 EL Honig
1/2 Zitrone (Saft)
1 Zwiebel, fein geschnitten
1 EL Olivenöl
1 Prise Neugewürz, gemahlen
1 TL getrockneter Quendel (oder Thymian)
1 TL getrockneter Dost (oder Oregano)
Salz, Pfeffer

Zutaten (Wildkräutersalat)

1 Bund Wildkräuter der Saison
1 EL Olivenöl
2 EL Zitronensaft
Salz, Pfeffer
einige essbare Blüten zum Garnieren

Zutaten (Wildkräuterpofesen)

4–8 Scheiben (je nach Größe) 2–3 Tage altes Weißbrot
3 Eier
200 ml Milch
Salz
1/2 Handvoll verschiedene Wildkräuter
(Giersch, Gundelrebe, Spitzwegerich …)
Sonnenblumenöl
Ziegenkäse

Zubereitung

Für das Asperlconfit die Asperl waschen, halbieren, den Kern entfernen und in kleine Stücke schneiden. Die Asperlstücke in eine Auflaufform geben und darüber den Zucker verteilen, anschließend mit Zitronensaft beträufeln. Bei 190° C im Ofen für ca. 20 Min. backen. Die Zwiebel in Olivenöl glasig anschwitzen und Asperl mit dem Saft, der sich durch das Backen abgesetzt hat, dazugeben und gut vermischen. Gewürze unterrühren und die Masse weitere 10 Min. auf kleiner Flamme köcheln lassen. Mit Honig abschmecken und in saubere Gläser füllen. Die Gläser zum Auskühlen auf den Deckel stellen. Vor der Verwendung sollte das Confit mindestens 1 Woche rasten.

Für den Wildkräutersalat werden alle Zutaten bis auf die Wildkräuter zu einer Marinade verrührt und anschließend abgeschmeckt. Die aussortierten und gewaschenen Wildkräuter sollten erst kurz vor dem Servieren mariniert werden.

Für die Wildkräuterpofesen Milch und Eier in einer flachen Schlüssel mithilfe einer Gabel verrühren. Die Eiermilch leicht salzen und die fein geschnittenen Wildkräuter dazugeben. Anschließend die Brotscheiben in die Schüssel geben. Nach 1 Min. die Brotstücke wenden, 2 weitere Min. warten, bis das Brot ausreichend Flüssigkeit aufgenommen hat. Nun in einer Pfanne etwas Öl erhitzen und das Brot an beiden Seiten anbraten. Wenn es knusprig ist, aus der Pfanne nehmen und auf Küchenkrepp abtropfen lassen.

Wildkräutersalat marinieren und auf Tellern anrichten. Darauf setzt man die warmen Wildkräuterpofesen. Auf diese platziert man 1 Scheibe Ziegenkäse, die mit 1 Löffel Asperlconfit belegt wird.